2021 年上海市重点图书
徐永祥文集

社会组织发展论

徐永祥 等 著

華東理工大學出版社
EAST CHINA UNIVERSITY OF SCIENCE AND TECHNOLOGY PRESS
·上海·

图书在版编目(CIP)数据

社会组织发展论/徐永祥等著. —上海: 华东理工大学出版社,2021.11

(徐永祥文集)

ISBN 978-7-5628-6646-6

Ⅰ. ①社… Ⅱ. ①徐… Ⅲ. ①社会组织管理—文集 Ⅳ. ①C916.1-53

中国版本图书馆 CIP 数据核字(2021)第 223019 号

策划编辑/刘　军
责任编辑/章斯纯
装帧设计/徐　蓉
出版发行/华东理工大学出版社有限公司
地址: 上海市梅陇路 130 号,200237
电话: 021-64250306
网址: www.ecustpress.cn
邮箱: zongbianban@ecustpress.cn
印　　刷/江苏凤凰数码印务有限公司
开　　本/890 mm×1240 mm　1/32
印　　张/6.625
字　　数/146 千字
版　　次/2021 年 11 月第 1 版
印　　次/2021 年 11 月第 1 次
定　　价/52.00 元

前 言

2019年2月21日凌晨，中国社会工作重建的开拓者、中国社会工作教育协会会长、国际社会工作教育联盟委员、上海高校智库“社会工作与社会政策研究院”院长、华东理工大学社会学与社会工作学科的奠基人徐永祥教授因病医治无效，在上海与世长辞，享年64岁。徐永祥教授于1982年从南京大学哲学专业硕士毕业后到华东理工大学（其前身为华东化工学院）任教直到辞世，他将自己的后半生全都奉献给了华东理工大学。

徐永祥教授是华东理工大学社会学与社会工作学科的奠基人，他一直致力于探索社会学、社会工作学的学科自觉和实践建构。1995年，他与曹锦清等同仁一起开始筹建应用社会学研究所和社会工作系，并于次年正式建系，招收社会学专业硕士研究生和社会工作专业本科生。华东理工大学社会工作系是教育部直属高校首个社会工作系。社会工作系的成立体现了徐永祥教授和曹锦清教授等老一辈学科带头人的高瞻远瞩，为社会工作在华东理工大学的发展奠定了坚实的基础。华东理工大学社会与公共管理学院社会学科在徐永祥教授和曹锦清教授的带领下，逐渐凝练出“国情、实证、介入"的办学宗旨。用中国社会工作教育协会前任会长王思斌教授的话来讲,"徐永祥教授是中国社会学、社会工作恢复重建的重要开拓者,较早推动社会学、社会工作学科在一所理工科高校生根发芽,让华理社会工作在全国,甚至全世界都这么有名。徐永祥教授是第一人,他立下了第一功,再怎么肯定他的贡献都不为过"。

徐永祥师从胡福明教授,积极践行导师秉持的"实践是检验真理的唯一标准"的重要学术精神。他早年一直在探究马克思主义,尤其是对邓小平理论"两课"改革做出了突破性探索,对于推动邓小平理论更好地在高校教育和实践指导中发挥作用做出了杰出贡献。2000年以来,他大力倡导"参与式行动研究",注重对社会科学实践进行自觉的提炼,注重对学术话语权的倡导,注重发挥社会学和社会工作学的社会建构功能,从而更好地应对中国社会发展所面临的深层次问题。徐永祥教授专门论述了大变革时代社会学、社会工作学的学科使命,强调两者都是以"社会"为中心,研究和解决市场经济条件下的社会问题、追求社会秩序与团结、实现社会公平与正义、提升人民群众福祉的科学。他一直认为,在中国,社会学、社会工作学自诞生以来就是天然、内在地联系在一起的学科。他强调,社会学、社会工作学应立足于自己学科的"社会"属性,在研究中国和世界问题的过程中实现理论自觉、做好理论建构,在面向现实社会问题时致力于实践的建构,在实践中不断推动社会建构、社会进步和社会发展。社会学、社会工作学在本质上是实践的,它们不仅仅在于解释世界,更在于改造世界。

徐永祥教授毕生致力于探索形成一种实践社会科学范式。他直面中国社会转型的重大问题,致力于通过科学研究和专业介入以寻求宏观改变，并对这些改变保持了足够的理论自觉，发表了不少有影响力的学术成果，承担了国家社会科学基金重大课题，提出了“社会体制改革”“政社分工与合作”“三社互动”“社区治理共同体”等一系列重要的前瞻性论断。在全面深化改革的背景下，他提出将“以经济建设为基础、以社会发展为中心、以民主法治为保障”作为中国今后改革开放和现代化进程的基本方略的建议，这无疑是具有实践智慧的创新。这里的逻辑在于，经济建设是社会发展和政治建设（民主法治建设）的前提和基础，但是，经济建设并不是根本目的，最终还是为了社会的更好发展；同时，政治建设或民主法治建设是经济建设和社会发展的必要保障。

徐永祥教授是中国社会工作重建的开拓者，在学科建设、实践推进、专业教育、科学研究、社会服务、国际交流以及人才培养等方面都做出了突出贡献。

20 多年来，在学校领导的大力支持下，在徐永祥教授的带领下，华东理工大学社会工作学科形成了“教学、科研、实践、政策”四位一体的专业发展模式，目前已拥有从本科教育到博士教育的完整教育体系，是国内师资队伍规模较大、科研实力较强的教学科研团队。

自 1996 年起，徐永祥教授参与上海社区发展和社区体制改革，他以研究推动实践创新、以实践发展提炼学术智慧，其代表作之一《社区发展论》（曾重印 10 余次）提出并论述了“亚社区”“政社不分”等重要概念，正是聚焦实践的学术成果。2003 年，在他的倡导下，国内首批三大社会工作社团（自强、新航、阳光）成立，他还担任自强服务社的理事长，带领全系教师积极参与，这是国内社会工作专业实践制度化的肇始。2008 年汶川地震发生后，他第一时间推动上海社会工作者参与灾后重建，组建华东理工大学社会工作服务队（这是全国第一支进入灾区的社会工作服务队，受到时任国务院总理温家宝同志的高度赞誉），并在都江堰市建立了四川省第一个社会工作机构，积极推动了社会工作在西部地区的发展。自2009年起，他分别在深圳等珠三角地区和上海等长三角地区成立研究与评估机构，推动珠三角、长三角的社会工作和社会创新，大大提升了华东理工大学社会与公共管理学院在粤港澳大湾区和长三角一体化战略中的影响力。徐永祥教授也因此被评为2011年度中国社会工作"十大社工年度人物"。2013年，由他领衔的"社会工作与社会政策研究院"入选上海高校智库，这是国内首个社会工作专业智库。在他的支持下，智库还开辟了中印比较、国际发展等新的研究方向。

徐永祥教授自1999年起担任中国社会工作教育协会副会长，协助会长王思斌教授推动中国社会工作教育和实践的发展。自2016年当选中国社会工作教育协会会长以来，他马不停蹄地东奔西走，几乎每个周末都在外地开会。他不辞辛劳，为的是支持各个学校的社会工作专业发展。他和王思斌教授、关信平教授、马凤芝教授等一起精心筹划并组织近200家社会工作院系参与精准扶贫。他奔波于高校对口扶贫的农村地区第一线，念兹在兹的就是扩大社会工作的专业影响及其在乡村振兴进程中的专业贡献。

20世纪90年代，华东理工大学社会工作系与香港城市大学合作培养社会工作专业学生。学院自2002年起就选派学生到香港实习，这项工作延续至今。华东理工大学与香港理工大学合作举办的中国社会服务管理硕士学位教育项目培养了近百名优秀人才，其中不少人成为活跃在长三角、珠三角社会工作和公益慈善领域的领军人物，担任各类机构或组织的会长、副会长、秘书长。

从2007年起，徐永祥教授推动华东理工大学社会与公共管理学院组织召开多次国际会议，邀请国外知名专家来访，推动学术交流与互动。从2008年起，他在国际社会工作教育联盟前主席、香港理工大学原副校长阮曾媛琪教授的支持下参加国际社会工作教育联盟（IASSW）的学术活动，2010年他被推选为联盟执委暨中国国家代表，在国际社会工作界发出了中国声音，积极向国际社会工作共同体介绍中国社会工作发展经验。阮曾媛琪教授这样评价他："徐永祥教授一生秉持中国心，在积极推动中国社会工作走上国际舞台、发出中国声音、促进国际对话与合作方面做出了杰出贡献；徐永祥教授是一位名副其实的大家，我们将继续沿着他所开辟的道路前进，社会工作历史也将铭记他所做的重大贡献。"他通过自己的努力促进了社会工作领域同行之间的对话与交流，推进了中国社会工作的学科自觉、实践自觉、理论自觉和文化自觉，增强了中国社会工作在世界上的影响力。

需要特别提及的是，从1999年起，徐永祥教授及其夫人姚璎女士（当时在华东理工大学出版社工作）一起推出了国内首套"社会工作与管理丛书"和"社会工作名著译丛"，在业界有非常大的影响，社会工作由此成为华东理工大学出版社的出版品牌。他还主编了"社会工作流派译库""社会工作与社会政策智库论丛"等多套书系，极大地促进了社会工作学科出版事业的发展。

徐永祥教授从教37年间，始终奋斗在教学与科研第一线，他以人才培养为使命，鼓励学生理论联系实践、积极介入并推动社会发展，先后培养了100余名硕士、博士研究生，为国家输送了一大批栋梁之材。

他以哲学家的睿智、社会学家的视野、社会工作学家的行动，在这个伟大的时代里留下了自己的印记。多少年后，当后辈书写中国社会工作发展史的时候，“徐永祥”这个名字必将会一遍遍地被提起。

他的离世，是学界的巨大损失。一个人的生命是有限的，但他对社会工作的热情、坚守和愿景展望可以激励一代代的年轻人投身到社会工作中。他求索实践取向的社会科学范式，是推动社会工作、社会学和社会政策发展的重要学术智慧和精神遗产，也必将激励后辈学人持续深耕。

为了纪念徐永祥教授，传承其学术思想，督促后辈继续完成他开创的事业，华东理工大学社会与公共管理学院将他生前绝大多数学术思想论述进行整理，并由华东理工大学出版社结集出版，形成《徐永祥文集》(五卷本)，分别是《社会发展论》《社会治理创新论》《社区发展论》《社会组织发展论》《社会工作发展论》。文集中的每一本都聚焦于他生前关注的核心理论和实践议题，它们虽各有侧重，但相互关联。《社会发展论》是徐永祥教授最早的学术思想汇集，他从哲学角度阐释了社会发展的相关思想，也为他后续的学术思想奠定了哲学基础。《社会治理创新论》是徐永祥教授集中阐释社会治理、社会建设等重要思想的学术成果汇编。他是较早强调政社分工与合作、社会治理创新的学者，同时，他积极提倡从“以经济建设为中心”的发展思路向“以经济建设为基础、以社会建设为中心”的发展思路转变，这体现出他内心强烈的社会关怀。其余三部可以合起来称为徐永祥教授的“三社”思想，即社区、社会组织和社会工作方面的研究成果。他最早阐释了“三社联动”思想，并为上海乃至全国推进社会体制改革提供了积极的指导。《社区发展论》是徐永祥教授关于社区发展的专著,从2001年出版至今,已经先后重印了10余次,曾被社会学家费孝通誉为“近年来写得最好的社区研究著作”。《社会组织发展论》汇集了徐永祥教授有关社会组织发展的研究成果,尤其是他近年来提出的具有社会理性导向的“新社会组织”等新型概念,可以与目前较为宽泛的社会组织含义相区别。他创办了专门致力于社会创新、公益事业发展的第三方评估机构,以推动“第三次分配”。《社会工作发展论》是徐永祥教授对社会工作教育、理论、政策和实践“四位一体”内容体系的建构和阐释,他既立足于本土实际,又具有国际视野,为中国社会工作走向国际化、促进国际交流做出了积极贡献。

最后,需要指出的是,由于徐永祥教授匆匆离世,他的很多学术成果尚未完全公开发表,本次《徐永祥文集》汇编中的部分文章是他与学生合作撰写的。在此我们要特别感谢为文集出版做出贡献的徐选国、侯利文、曹国慧、胡兵、刘振以及各位研究生同学,感谢华东理工大学出版社的同仁为文集出版付出的辛勤工作。由于编撰过程中需要对历时几十年的文献进行整理,难免会出现一些纰漏和错误,敬请读者指正和谅解。希望徐永祥教授的学术思想能够继续助推中国社会学、社会工作向前发展。

《徐永祥文集》编委会

编写说明

徐永祥教授作为教育部直属高校首个社会工作系的创始人，在从教的37年间发表了很多学术著作，他将自己的大部分精力都放在了社会学、社会工作专业的发展上，其学术思想贯穿几十年，且影响着越来越多的人。

《社会组织发展论》收集整理了徐永祥教授从2006年至2019年，横跨13年的11篇有关“社会组织”的论文。之所以选择这些文章，是因为这些学术论文的呈现，一方面是对徐永祥教授学术研究成果的梳理，另一方面也可以让读者直观、详细地了解到我国社会组织发展的脉络，以及不同时代、不同背景下的社会组织发展状态。本书归纳整理了社会组织的概念内涵和发展脉络，通过各地实践案例的呈现，加深读者对于“社会组织”这一核心概念的理解；从“单位制”解体，到我国走进新时代，在不同阶段、不同时代背景下，徐永祥教授的观点让读者看到了在基层社会治理及构建和谐社会的过程中“社会组织”发挥的重要作用；以“三社联动与治理创新”“迈向社会本位的社会组织改革”“走向多元的社会组织发展机制”为脉络，展示了包括“群团组织”“社会企业”“民办社工机构”“第三部门”等不同类型的社会组织以及不同主体的社会组织的现实状况及对其发展的建议；引入国际视野，利用国际比较方法，比较国内外现状，让读者感悟到国内外社会组织发展的区别，与此同时，推动着我国的“社会组织”研究与国际接轨。

徐永祥教授关于“社会组织发展”还有很多学术观点及理解尚未发表成文，他在社会组织发展领域的真知灼见和丰厚的学术成果，影响着越来越多的“社会组织”研究者及社会学、社会工作专业的学生和教师。他的不幸离世是学界的巨大损失，他为我们留下了诸多的学术成果，也留下了很多未竟的思考，关于“社会组织发展”还有更多的内容需要大家一起努力去探索！希望本书可以让大家对“社会组织发展”有更全面、深刻的认识和了解，也希望徐永祥教授的学术思想能够继续助推中国社会学、社会工作专业向前发展。

目　录

上编　三社联动与治理创新

中编　迈向社会本位的社会组织改革

下编　走向多元的社会组织发展机制

上编 三社联动与治理创新

本编共收录了徐永祥教授关于“三社联动与治理创新”的3篇论文，包括《“三社联动”的历史实践与概念辨析》《“三社联动”：社区治理创新的动力》《基层社会治理中的“三社联动”：内涵、机制及其实践逻辑——基于深圳市H社区的探索》。本编以“三社联动”这一核心概念为主线，系统地介绍了“三社联动”的历史来源、概念辨析和既有文献，同时，也向我们展示了“三社联动”在南京、上海、北京以及苏州等地的实践案例，让我们看到了“三社联动”在基层社区治理中的重要性，更让我们了解到了“社会组织”作为“三社联动”中重要的一环，在基层社区治理中发挥的巨大作用。在这一编中，我们可以看到徐永祥教授对于“基层社会治理”的关注，对于“社区”的重视。徐教授所关注的“三社联动”，尤其是“社会组织”在基层社会治理创新中的作用，真正地从“学理”层面上进一步完善了“三社联动”的理论基础与实践框架，呈现了社会组织参与社会治理的动力与机制，拓展了基层社会治理的研究空间，启发了社会组织参与基层治理的实践智慧。

“三社联动”的历史实践与概念辨析①

徐永祥　曹国慧

中共十八届三中全会将“完善和发展中国特色社会主义制度，推进现代国家治理体系和治理能力现代化”作为全面深化改革的总目标，并对社会治理创新做出了基本安排。社区作为社会的基本单元，在社会治理创新中有着基础性的地位和作用。因此，社区、社会组织、社会工作者“三社联动”作为基层社会治理创新模式一经提出，就得到了实务界和学术界的广泛关注。2015年以来，全国15个省市已经召开23场专题研讨会。2015年10月22日，民政部在重庆召开了全国社区社会工作暨“三社联动”推进会[1]，总结了各地开展“三社联动”的经验，要求各省市加快推进的步伐。

“三社联动”的开展，对于引入多元主体参与社区治理，激发社区内在活力，提升福利服务水平，有着重要的现实意义和理论价值。但是作为社会治理的创新模式，现有的政府表述和学者解读，似乎还没有对“三社联动”的内涵进行充分的说明，对“社区、社会

① 本文曾发表于《云南师范大学学报（哲学社会科学版）》2016年第2期，此次收录略有修改。

组织、社会工作者”主体的理解、关系的建构还有诸多模糊之处。因此，笔者认为有必要通过对“三社联动”产生的背景、具体实践和现有研究进行回顾和梳理，并在此基础上对“三社联动”的概念进行辨析，明确“三社”的具体所指、功能定位和互动关系，进而重新定义三社联动的概念与内涵。

一、社会治理创新——“三社联动”提出的历史背景

自中华人民共和国成立以来，我国的城市基层社会管理体制经历了从单位制到社区制的转变，而社区制又经历了“社区服务”“社区建设”与“社区治理”三个阶段。改革开放之前，我国是政社合一的整体性社会，国家管理着全部的经济、政治和社会生活领域，并将这种管理通过国家下属的“单位”——企业、学校和人民公社等各类组织来实现。单位作为覆盖个体、无所不包的平台，不仅是社会成员谋生的经济组织，还是社会成员获得社会保障、社会关怀的基本社会载体。人们对自己所属的单位有着高度的依赖性和强烈的归属感，却对自己所居住的社区无法生成社区归属感，也谈不上居民意识。[2] 对于人们的居住地，国家主要实行的是“地区管理”意义上的户籍管理，这是作为“单位人”管理的补充性措施出现的。但是，随着改革开放中社会主义市场经济体制目标的确立，政企职能分开、社企职能分开步伐的加快，“单位制社会”逐渐解体，国有企业、集体企业开始剥离不属于企业范畴的社会服务和社会管理职能；大量的社会职能和社会问题开始回归社会和居住地，因而迫切需要新的承载平台。在这种背景下，民政部在 20 世纪 80 年代中期开始推行“社区服务”，率先提出了“社区”的概念。1987 年，在

大连的民政工作会议上，民政部首次提出“社区服务”的概念，将其定位为“在政府的领导下，发动和组织社区内的成员开展互助性社会服务活动，就地解决本社区的社会问题”[3]。同年9月，民政部又在武汉市召开会议，将“社区服务”定义为“社区内为人们的物质生活和精神生活所提供的各种社会福利与社会服务”[3]，要求全国各地开展社区服务。但此时民政部对“社区服务”的理解仍停留在互助性服务、商业性服务阶段，没有认识到福利性、公益性社会服务的重要性，也没有涉及社区建设、社区治理的体制问题。

社区服务的开展在一定程度上满足了居民的需要，但又难以涵盖政府希望城市基层社区所要承担的社会职能。鉴于此，民政部在1991年提出了“社区建设”的概念，1998年国务院的政府体制改革方案确定民政部在原基层政权建设司的基础上设立基层政权和社区建设司。2000年11月，国务院办公厅转发了《民政部关于在全国推进城市社区建设的意见》，由此，社区建设在全国各地如火如荼地开展了起来，并形成了如下几个有代表性的模式：以“两级政府、三级管理、四级网络”为特点的城市管理重心下移，加强街道办事处行政权力的“上海模式”[4]；在街道和居民委员会（以下简称“居委会”）辖区之间，设置“社区成员代表大会、社区协商议事委员会、社区（管理）委员会”自治组织的“沈阳模式”；在“沈阳模式”基础上进一步强调社区自治，形成行政管理机制和社区自治机制相结合的“江汉模式”[5]。这些模式都体现了政府管理重点下沉的特点，赋予了街道办事处对社区管理的“准政府”权能，将以往“以条为主，以块为辅”的行政体系变为“以块为主，条块结合”的体系[6]；同时，也是对居民自治的探索。这些“社区建设”的实践，从根本上改变了城市社区绿化、卫生、文化设施等物质环境，使人们的居住区有了“社区”的外在形态,也解决了一些社区弱势群体的现实困难。但这种“社区建设”体制仍旧只是政府行政体制内部的行政权力和职能的重新调整,并没有解决政府在社会领域“政社不分”“政社混淆”“以政代社”的问题[4],没有调动社区内各类主体的积极性,也不可能将社区建设为“生活共同体”,社区仍是政府行政管理的“单元”。近两年,在城市社区出现的强调社会问题解决和基层社会稳定的“网格化管理”模式,就是社区行政化的典型代表。

对于“社区建设”中出现的社区行政化增强、自治性不足等情况,笔者和国内其他不少学者都曾撰写文章进行了讨论,社区工作者也对此不断进行反思。1995 年,上海率先在全国开展社区建设,重点是在政府行政体系内推动“三级管理和四级网络”模式,加强街道层面的力量,建设社区管理和社区服务的网络。在这其中,一些一线社区工作人员(指街道、居委会工作人员)感到居委会行政事务过多、自身能力不足,无法有效组织居民自治和提供高水平的居民服务,尤其是在 2000 年年底全国范围内都要求推进城市社区建设之后,一些社区工作人员感到社区建设体制迫切需要改革,但是对于如何改、工作抓手在哪里没有明确的方向。笔者在 2000 年就曾提出,社区建设要积极引入职业化、专业化的社会工作制度,要培育社会工作机构并充分发挥社会工作机构在社区建设中的作用。[7]2003 年,上海市民政局在华东理工大学召开“社区建设与社会工作”研讨会,笔者在会上提出:社区建设要引入专业社工、社会工作机构,要尽快建立社会组织,让社工进入社区的制度框架,社区、社会工作要建立“互动”机制,要形成“联动”的效果。这一观点得到了参会人员的认可。2004 年,上海市民政局在此基础上提出了社区、社工、社团“三社互动”概念[8],并形成了“以社区为工作平台、以社工为队伍抓手、以社团为组织载体”的分工合作的工作思路。随着对社区治理认识的不断加深,民政部门将“三社互动”的提法改为了“三社联动”,这更能强调三者之间的联结和协调。

随后,十八届三中全会做出了“创新社会治理体制”的战略部署,用“社会治理”替代以往“社会管理”的提法。这就意味着赋予了社会以主体性,强调社会中的各种力量也是社会治理的主体,而不仅仅是配合政府工作的补充力量。在这种背景下,“三社联动”作为社区治理的新型框架以及社区治理创新的有效机制,得到了政府尤其是民政部门的重视,开始在实践领域广泛推广。

二、政府主导的实践——“三社联动”的地方探索

“三社联动”是近年来我国社区工作者从实践中总结出的一种社区治理创新模式,目的是把分散的社区、社会组织和社工联系起来,协调互动,形成合力。[8]“三社联动”是在我国社会体制改革——“政社分工”的背景下出现的,是与社会治理创新紧密联系在一起的;“三社联动”也是实践先行的,是在我国基层政府尤其是民政部门的大力推动下开展的,是政府主导,社会组织、社工参与社区建设的过程。“三社联动”的大规模开展始于2013年,民政部将其作为基层社会治理创新的重点工作,要求各地在城市社区推进。

实践证明,在“三社联动”开展较好的地区,社会组织和社工进入社区后,通过专业服务满足了居民个性化的需要,提升了居民的内在能力;通过组织化的方法,提升了居民的议事能力、协商能力和解决问题的能力;通过合作的过程,给传统的居委会工作注入了

新的内涵，提升了居委会工作人员的服务水平，提高了传统组织的工作效率。而这种源于民政领域的创新实验，对不同层级的政府也有着不同的意义。从基层政府的角度来看，“三社联动”有着较强的工具性或操作意义，即“三社联动”的开展提升了民生服务水平、减少了社会矛盾、促进了社区安定，达到了政府对社区进行“管理”的目标。而从国家和社会发展的角度来看，“三社联动”有着更加明显的价值取向和制度意义，即“三社联动”的开展有利于提升人民福利水平、实现基层民主，从而实现民族的复兴和国家的发展。这两种思路在实践中不是全然割裂的，而是交织在一起的，也正是在这两种思路的推动下，各地不仅开始了“三社联动”实务探索，还就“如何培育三社主体”“如何搭建联动机制”进行了制度性思考。在中国知网的数据库中，以“三社联动”为主题进行文章内容搜索，共有 192 条结果，其中 87 篇文献来源于各类各级报纸、46 篇文献来源于民政系统内的刊物——《中国民政》《中国社会组织》《社区》和《社团管理研究》。这 133 篇文献多为报社记者、各级各地民政干部撰写，讨论主要集中在三个方面：对本地开展“三社联动”经验的介绍[9]，“三社联动”与基层社会治理的关系[10]，“三社联动”开展的困境与对策[11]。其中，对“三社联动”经验的介绍占有绝对的比重。《中国民政》2015 年第 12 期刊登的《“三社联动”如何“联”如何“动”?》一文，就介绍了“三社联动”的起源，详细总结了南京、广州、上海、北京、嘉兴和苏州市姑苏区六个地区的典型性经验。[8]

南京的做法是强调街居体制改革，将原来下放到社区的公共服务、政务服务收回，强化街道层面服务平台的作用；制定社区事务准入的“正面清单”和“负面清单”，为社区居委会减负。其特点是在全市范围内建立了 10 个民办社工机构，保障社会组织承担的、进入社区的“公益创投项目”的专业性。

广州较有特色的做法是整合街道服务管理资源，建立了“街道家庭综合服务中心”，面向社区居民提供社工专业服务；同时，建立了资金投入的长效机制，在社会组织培育、社区建设和购买社会服务上投入超过 11 亿元。

上海的经验是在全国范围内最早于社区中引入专业社会工作者（1997 年，上海浦东新区）；在全国范围内最早成立专业社工介入的“预防和减少犯罪工作体系”（2003 年，上海市委），组建了 800 人的社会工作者专业队伍，第一次大规模、整建制地深入社区，为社区中“三失”青少年、吸毒人员、社区矫正人员提供社会工作专业服务。从制度层面来看，上海市率先出台社会工作者职业认定办法（2003 年，上海市民政局、人力资源和社会保障局颁布《上海市社会工作者职业资格认证暂行办法》）；在全国民政系统内，率先增设职业社会工作处，协调全市社会工作的发展（2004 年，上海市民政局）。应该说，上海市较早开展了社会工作、社会组织进社区的实践，积累了宝贵的经验，培育了专业的社工力量。但是这种先发优势，由于居委会行政化思维的延续、政府购买社会服务体制的落后，没有促进社会组织、社会工作者良好的发育，没有形成有效的“三社联动”局面。

北京“三社联动”工作的特点是在街道和社区层面建立“三社联动”联席会议制度，打通社区与社会组织之间信息沟通的渠道。

嘉兴的经验是将“三社联动”建设分别纳入市委、市政府对县（市、区）目标责任制的考核内容之中，从制度上保障了各级政府对此项工作的重视。

以上五个地区的做法在街居分工、社会组织和社工培育、沟通机制等方面都进行了探索和创新,但还未形成对“三社联动”的深层次理解和体制性框架。

与上述五个地区相比,苏州市姑苏区“政社互动”和“三社联动”相结合的社区治理模式[9][12],有着比较清晰的思路,也试图对“三社联动”的机制进行制度设计。首先,苏州市姑苏区对社区、社会组织和社工三者的角色及分工进行了较明确的定位:社区居委会提供行政与公共服务,社会组织提供特殊群体服务,社工提供专业化服务。其次,强调政社分开,通过减少居委会工作事项、加强服务平台建设,力图明确街道和社区(居委会)之间的职能边界。最后,在40个居民社区设立“三社联动”的实务试点,在专业社工指导下,通过社区居民“民议民决”来确定居民需求和项目,委托社会组织进行项目实施,并由居民对项目效果进行评估。姑苏区认识到“三社联动”要在“政社分工”的基础上开展,对“三社”主体进行职能定位的工作思路是正确的,但是其对于“三社联动”的主体边界、主体关系、联动机制和制度保障等还没有形成清晰的认识,可以说对“三社联动”的关键性内容还未破题,当然这更多的是学术界的责任。

三、经验总结与理论反思——“三社联动”的现有研究

实践与理论的关系是“行”与“知”的关系,人类行为大部分是实践先行,再上升为理论知识,而后又在理论指导下开展有目的、有规划的实践活动。两者之间是“通过实践而发现真理,又通过实践而证实真理和发展真理”的能动过程。两者的理想状态是能够

达到“知行合一”,但是在现实中常有“知易行难”“行易知难”的状况。目前,国内学者对“三社联动”的研究,似乎出现了“行易知难”的情况,尚未对这个概念的内涵和机制进行准确的说明。这存在着两方面的原因:一是“三社联动”本身属于基层社会治理创新的新生事物,实践的时间较短,尚未有丰富的积累;二是部分学者对“三社联动”的敏感性不够,认为这只是政府体制的“造词运动”,是“新瓶装老酒”,没有实质内容,或是认为学术研究要与实务行为保持一定的距离,以显示自己的专业性。笔者认为,在中国社会体制改革的进程中,“三社联动”作为政府主导的基层社会治理创新的模式,已经被纳入民政部门的主流工作中,政府也已投入了大量的资金和人力。但是,如果本质的问题没有搞清楚,建设的方向出现偏差,将会带来巨大的损失。对于这个问题的解读,学术界是有责任的,也是不能回避的。

目前国内研究“三社联动”的学术论文有二十余篇,内容主要集中于对各地的经验进行总结与实践倡导,也有些理论反思。陈丽[13]、郎晓波[14]、杨贵华[15]对南京锁金村社区、杭州江干区和厦门市“三社联动”开展的背景、运行的过程、基层政府主导作用的发挥、社会组织与社工进社区后的效果进行了描述,总体认为“三社联动”回应了社区发展的需要,“有益于克服社会建设的结构性难题,有益于缓解社会建设的公共性困境”[14],但某些地区的实践效果还不能令人满意,因而他们建议营造良好的环境、构建长效机制和加强社工队伍建设等。这些描述性研究,呈现了各地开展“三社联动”的过程,但仅停留在经验分析层面,还未形成系统的理论性思考,同时这些研究对“三社联动”的分析是在“居住小区、区、市”三个不同层面展开讨论的,也说明了学界对“三社联动”的概念还存在着诸多分歧。以叶南客[16]、吕青[17]为代表的学者,对“三社联动”的模式、策略、路径进行了理论分析。其中,叶南客的论文有着较大的影响,他认为通过社区建设、社会组织培育和社会工作现代化体制建立的“三社联动”,有利于形成“三社”资源共享、优势互补、相互促进的良好局面。同时,他还提出了内需驱动型、政府主导型、项目引导型、理念践行型、体制创新型五种“三社联动”类型,并在相应理论支撑下提出了推进“三社联动”发展的战略。吕青从社区工作平台搭建、社会组织载体建设、社会工作人才培养三个方面论述了“三社联动”的实现路径,并分析了“三社联动”与社区治理的关系。这些研究对“三社联动”进行了理论思考,但还未对其内涵进行充分的说明,对“社区、社会组织、社会工作者”主体的理解、关系的建构还有诸多模糊之处。

四、“三社”主体的再界定

“三社联动”是作为社区治理的创新模式来实践的,也是作为社区治理的理想状态来追求的。社区治理从本质上讲是一种分工、一种关系、一个过程。[18]因此,对“三社”主体的再界定,是明确社区、社会组织、社会工作者的具体所指、功能分工的过程;对“联动”关系的再分析,是理解三者基于不同角色定位,形成良性互动的过程。目前国内“三社联动”的概念如下:三社联动是在政府主导下,以社区为平台、社会组织为载体、社会工作专业人才为支撑并实现“三社”相互支持、协调互动的过程和机制。[15]这其中存在着对“三社”主体表达含糊、指代不清的问题:社区是场域还是行动主体?社会组织是一般社会组织还是新社会组织?社会工作者是专业社工还是在社区工作的人员?

（一）社区是场域还是行动主体?

社区的概念最早是由德国学者滕尼斯提出的,一般是指由一定数量居民组成的、具有内在互动关系与文化维持力的地域性的生活共同体,是一种特殊的场域。而后美国芝加哥学派在开展社区研究时,赋予了社区行政区域的概念。因此,“社区”也就有了双重的属性:一是生活共同体,二是行政区域单元。由于我国的社区建设是在政府主导下开展的,因此“社区”主要是指行政区域单元。以往“三社联动”概念中的“社区”是作为平台,作为“三社联动”开展的背景和场域。这其中存在着逻辑错误,作为场域的“整体性小社会”本身就包含着多元主体,不是“社会组织”“社会工作者”此类单一行动主体,无法与它们形成“联动”的关系。在这种情况下,“三社联动”应该改为“社会组织、社会工作者进社区”。

因此,笔者认为,“三社联动”中的“社区”这一概念应被理解为社区中的行动主体。而社区中的行动主体包括居民、各种自治组织和入驻本区域的企业或其他组织三大类。居民是社区治理的核心力量,是“三社联动”的服务对象,也是开展“三社联动”的根本目的;居民作为原子化的单独个人,也较难与组织化的社会机构、社工群体进行互动。入驻本区域的企业等是社区治理中可以动员的力量,但不是主体力量。企业的主要目的是追求经济效益,参与社区建设或是出于政治表态的需要,或是出于对社会形象的塑造,抑或是出于对社会环境的追求,而不具有内在动力。在社区各类自治组织中,作为法定基层群众性自治组织的居委会,则是社区建设的核心力量,也是基层政府的“代理人”,承担了社区建设的主要职责。“三社联动”作为社区治理体制的创新,是在原有社会管理体制的基础上发展而来的,不是抛开政府另搞一套的。作为增量的"社会力量"——社会组织和社会工作者,在进入社区开展工作时,首先应该与原有的"行政力量"——居委会建立联系,分工合作,进而形成良好的互动关系。因此,笔者建议"三社联动"中的"社区"应该被理解为社区中的居委会。

居委会在现实发展中兼具政府管理和居民自治两种属性。作为"三社"中与社会组织、社会工作者建立互动关系的居委会,应该是以服务居民需要,促进社区发展为目标的居委会,是法律规定的"居民自我管理、自我教育、自我服务的基层群众性自治组织"①形态,而不是趋于行政化、官僚化的居委会。如果居委会仍作为基层政府的"脚",仅对上级基层政府负责,那么其在"三社联动"中就没有内在动力,对社会组织、社工进社区开展活动就会漠不关心,甚至进行抵抗;而社会组织、社会工作者在与居委会的合作中,也必然会沦为居委会行政工作的操作者,双方无法发展为平等的伙伴关系。

虽然"三社联动"是居委会、社会组织和社会工作者的联动,但笔者认为没有必要将其改为"居社联动"或其他的说法。"三社联动"已经口号响亮、旗帜鲜明地作为社区治理的新模式在全国推行了,已经有了一定的认知度和影响力,没有必要进行改动。但是,实务工作者要认识到"三社"不只是社会组织、社会工作者进社区,还要认识到社会工作、社会工作者必须和社区建设中的原有核心力量居委会建立良好的互动关系,如此才有可能实现"三社联动"的效果。

---

① 《中华人民共和国城市居民委员会组织法》,1989 年 12 月 26 日颁布。

（二）社会组织是一般社会组织还是新社会组织？

在“三社联动”的实践中，一些地区认为只要是社会组织进入社区，就引入了专业力量，提供了更好的社会服务。这其中存在着认识误区，这与我国把“社会组织”作为一个较为宽泛的概念来使用，把社会组织作为“政府组织、经济组织之外的组织”来理解有着密切的关系。在民政部中国社会组织政务服务平台网站的“网上办公大厅”中，社会组织被界定为社会团体、民办非企业单位、基金会、涉外社会组织四种类型。这四种类型是多元混杂的，内部也是存在交叉的。社会组织在现实指称中，常常是与“非营利组织”“非政府组织”“民间组织”等混淆在一起使用的。因此，有必要区分“三社联动”中的社会组织是何类何种社会组织。

第一，从产生背景上看，居委会、工青妇[①]、红十字会都属于官办社会组织，具有较强的行政性，在实际工作中也是作为政府的组织形式存在的，不应属于“三社”中社会组织的范畴。第二，从产生动机上看，存在着利益代表型、社会服务型和成员互惠型社会组织。行业协会、商会类组织属于典型的利益代表型社会组织，这些组织主要是为市场主体服务的，有较强的经济逐利性。社会服务型社会组织中也存在着真实提供公益、慈善等社会服务的组织和“挂羊头卖狗肉”提供市场服务的营利性的社会组织。成员互惠型社会组织主要是指文体活动类社会组织，其本质是组织成员间互惠互利的，不具有开放的社会性、对外的服务性。因此，笔者建议将“社会组织”定位为“新型社会组织”，是指不同于官办的社会组织，也不同于文体活动团队类互惠型组织，更不同于追逐经济理性

① 即工会、青年团、妇联的简称。——编者注

的利益代表型组织，而是追求社会理性，提供非营利的社会服务或社会支持的、具有独立法人资格的社会团体；建议将“三社”中社会组织的重点放在政府着力培育的公益慈善类、城乡社区服务类社会组织上，特别是以社会工作者为主体的社会工作专业机构。

特别需要注意的是，从地域上区分，社会组织有本地政府培育的、注册地在本地的社会组织，还有跨区域的、注册地在外地的社会组织。政府尤其是基层政府购买服务时，由于存在信任的问题，“地方保护主义”现象时有发生，有些基层政府对自己的社会组织过度保护、全盘委托，对跨区域的社会组织则不放心。但是这些跨区域的社会组织往往专业能力更强，服务水平更高。从建设开放型社区、活力型社区的角度出发，基层政府在面向社会组织购买服务时，应该统一开放、公平竞争，能者胜出。“三社联动”中的社会组织应该是打破地域阻隔的，以提供社会工作专业服务为核心的公益慈善类、社区服务类新社会组织。

（三）社会工作者是专业社会工作者还是在社区工作的人员？

社会工作者有专业社会工作者和一般社会工作者的区分。现在有一种观点认为，“三社联动”中的社会工作者应该是个宽泛的概念，只要是在社区工作的人员都应该属于社会工作者。如果从此角度理解，就失去了开展“三社联动”的意义。专业社会工作者是受过社会工作高等教育或是取得国家或地方社会工作资格认可的，从事社会工作实务，自觉实践社会工作价值、理念和方法的从业者。

在社区工作的人员目前主要是居委会成员，属于传统或本土意义上的社区工作者。这些社区工作者虽然有好的工作经验和工作方法，但总体上提供的还是经验型、粗放型、低水平的服务，尤其是在基层政府的维稳体制和管控思维下，社区工作者容易出现行政化、官僚化的趋势，对于弱势群体习惯使用“一刀切”津贴发放的方法，对某些社区居民，尤其是有个别化需求的弱势群体可能会对其贴上“刁民”的标签。而专业社会工作者有着强烈的价值取向，有着体系化的专业助人理念和方法，善于从居民和社区的需求出发，提供创新型的服务。

目前，专业社会工作者主要依托社会组织来提供服务，随着《国家中长期人才发展规划纲要（2010—2020 年）》的发布，越来越多的居委会工作人员通过培训获得国家或地方社会工作资格认证，逐渐转变为专业社会工作者。笔者认为“三社联动”中的社会工作者，应该是既包括在社会工作机构中开展实务活动的专业社会工作者，又包括在居委会等其他政府基层组织中开展实务活动的专业社会工作者。

五、“联动”关系的再认识

社区治理是“三社”共同参与的公共活动，居委会、社会组织、社会工作者有着不同的目标，居委会是社区内的法定自治组织，要满足政府和居民的需求；社会组织和社会工作者的目标有着较强的一致性，期望通过服务增进居民福利、促进社区发展，应该说三者在行动策略上存在着差异，但是在宏观目标上具有内在一致性。“联动”在本质上是合作，而合作必须在共同的目标指向下才能达成。笔者认为，这个目标总体而言就是建设以居民为本的生活共同体，回归社区的本质属性，具体而言有三个层面：对居民个体而言,提高居民的福利水平,增强居民的内在能力;对社区整体而言,充分实现基层民主,建设有序的治理结构,将社区建设成为生活共同体;对政府管理而言,通过以上两个目标的实现,减少对社区管理的干预,保证基层秩序的稳定。

在此总体目标下理解三者之间的关系,首先要明确三者之间的边界。从目前来看,居委会虽然是法定的群众自治组织,但在现实发展过程中仍有着较强的路径依赖性,在社区中主要扮演着政府"代理人"的角色,属于国家的范畴;而社会组织、社会工作者代表的是社会性的、专业性的力量,属于社会的范畴,因此三者之间的关系在宏观框架上仍是国家与社会或政府与社会之间的关系。而在"三社联动"的微观实践中,三者由于具体功能的不同,关系也略有差异。

(一)居委会:社区自治、民主协商的中心

居委会作为社区群众自治组织,要发现社区的需要,成为民主议事、民主决策、民主互助、民主评估的平台,发挥好居民自治、民主协商的作用。

居委会与社会组织的关系是基于契约(购买合同)的合作伙伴关系。居委会首先要发现和梳理居民的需求,通过政府购买服务的形式,与社会组织建立契约关系;其次,居委会成员要了解或参与社会组织开展服务的过程;最后,居委会要组织居民对社会组织服务效果进行评估。社会组织一方面将这些需求设计为专业的项目,交与社工去实施;另一方面整理居委会发现的问题、居民诉求,并反馈到政府部门,促进社会政策的调整。

居委会对社会工作者来说,更多的是提供入场通道和服务平台。居委会工作人员为社会工作者开展工作提供背景材料,并会

同社会工作者一起发现社区资源、社区骨干,开展社工服务。社会工作者一方面通过专业化服务满足居民的个别化需求,提升居民的能力;另一方面通过活动的合作开展,促使居委会在参与中学习,理解并掌握社会工作的价值观、方法和技巧,提升自我服务、自我管理的能力。

我们还需要特别注意居委会与基层政府之间的关系,根据《中华人民共和国城市居民委员会组织法》,基层政府与居委会的关系是指导与被指导的关系。在此基础上,居委会与基层政府的关系还应该发展成为监督与被监督的关系,即居委会通过对基层政府以及政府各部门工作的考核和满意度测评,促进政府实现自下而上的转变。

(二)社会组织:项目运作、服务提供的平台

社会工作是以组织的形式开展服务的,社会组织是社会工作专业项目运作、社会工作专业服务提供的平台,与居委会的关系应该是如上文所述的“伙伴关系”。但是在合作中,由于社会组织能力较强,居委会常会认为社会组织是“压力群体”,很多居委会不愿意社会组织“入场”。我们应该看到,这个过程对社会组织、社会工作力量来说,是专业社会工作嵌入原有社会管理体制中,重构对服务对象的理解、服务提供的过程;对居委会来说,是吸纳社会工作专业理念与方法、促进自身能力增强的过程。因此,居委会要抓住和顺应社会治理中社会化、专业化的趋势,主动与社会组织建立良性互动关系。

社会工作者与社会组织的关系从本质上说是个人与所在组织的关系,一方面社会组织要通过行业自律为社会工作者开展工作提供良好的环境,另一方面社会组织要通过督导、培训促进社会工作者专业能力的提升。

（三）社会工作者：福利传送、能力提升的行动者

社会工作者是传送福利，促进居民、自治组织和社区能力提升的行动者。一方面，社会工作者要在社区中，会同居委会工作人员共同开展专业服务；另一方面，社会工作者也要通过专业活动的开展，提升居民对社会组织的认可度。其中特别要注意的是，专业社会工作者在提供服务时，要吸纳居委会工作人员（传统社会工作者）的经验，尤其是在“人情社会”中建立社区关系网络、整合周边资源的经验，提供适合中国社会的、经得起本土检验的专业社会服务，不然就会出现水土不服的现象。还需要特别注意的是，在本文分析中似乎“缺场”的居民，其实是“三社联动”中“在场”的核心，居委会、社会组织、社会工作者都要围绕社区居民发现需求、提供服务、提升能力，才可能激发社区发展中最核心力量的主动性与参与性（如图 1 所示）。

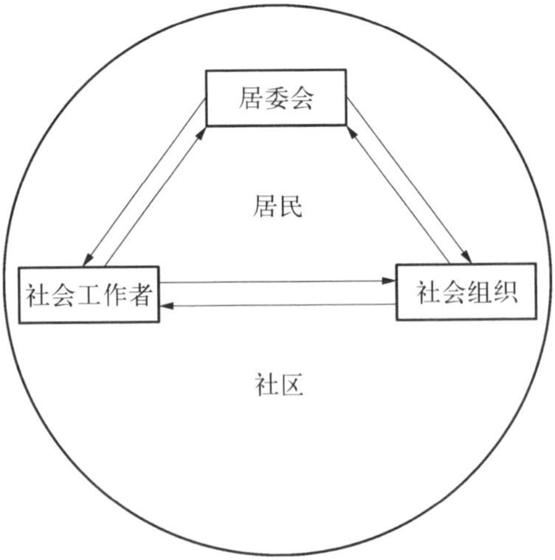

图 1 “三社联动”主体与关系辨析

经过对“三社联动”主体与关系的辨析，笔者认为“三社联动”的概念可以被界定为：居委会、社会组织和社会工作者在社区领域围绕社区居民开展的社区治理活动，其目的是提高居民福祉、实现基层民主、促进社区内生性发展。作为自治协商平台的居委会、作为项目运作载体的社会组织和作为专业服务提供者的社会工作者之间均存在双向互动关系。

可以看出的是，笔者提出的“三社联动”概念，要求主体间边界清晰、关系明确、目标统一，这是社区治理中的理想状态，要达到这种状态是需要以政府让渡社区空间、三方发展均衡等为前提条件的。但推进实现“三社联动”在现实中仍有较多困难，如一些地区居委会行政化趋势明显，社会组织与社会工作者介入社区的空间有限，社会组织与社会工作者力量不够，政府购买服务的制度不够完善等。这些都是“三社联动”实现道路上的障碍，对此，笔者将另文论述。

参考文献

[1] 何立军.深入推进“三社联动” 构建全民共建共享的社会治理格局：民政部召开全国社区社会工作暨“三社联动”推进会[J].中国民政，2015(20)：30-31.

[2] 徐永祥.社区发展论[M].上海：华东理工大学出版社，2006.

[3] 李亚平，吴铎.参与分享：政府、社会团体在社区服务中的责任、角色以及它们之间的合作[M].上海：华东师范大学出版社，1997.

[4] 徐永祥.政社分工与合作：社区建设体制改革与创新研究[J].东南学术，2006(6)：51-57.

[5] 陈伟东.城市基层社会管理体制变迁：单位管理模式转向社区治理模式：武汉市江汉区社区建设目标模式、制度创新及可行性研究[J].理论月刊，2000(12)：3-9.

[6] 徐永祥.城市社区建设的体制创新与社会工作[J].探索与争鸣,2004(12):22-23.

[7] 徐永祥.试论我国社区社会工作的职业化与专业化[J].华东理工大学学报(社会科学版),2000(4):56-60.

[8] 本刊编辑部,徐富海."三社联动"如何"联"如何"动"?[J].中国民政,2015(12):16-28.

[9] 曹源.苏州市姑苏区"三社联动"机制探路[N].中国社会工作,2015(16):40.

[10] 本刊编辑部.创新社会治理下的"三社联动"[J].中国社会组织,2015(5):8.

[11] 张华林.加快推进社区、社会组织、社工"三社联动"的对策思考[J].中国民政,2011(6):41-42.

[12] 曹源.活力真正激发　居民真正受益:苏州市姑苏区"三社联动"机制探析[N].中国社会报,2014-10-31(3).

[13] 陈丽,冯新转."三社联动"与社区管理创新:江苏个案[J].重庆社会科学,2012(2):33-39.

[14] 郎晓波."三社联动"推进社会建设:来自杭州江干区的经验[J].浙江学刊,2013(6):66-70.

[15] 杨贵华.社区、社会组织、社会工作"三社联动"助力基层社会服务和社会治理研究:基于厦门市的调研[J].发展研究,2015(11):85-89.

[16] 叶南客,陈金城.我国"三社联动"的模式选择与策略研究[J].南京社会科学,2010(12):75-80,87.

[17] 吕青.创新社会管理的"三社联动"路径探析[J].华东理工大学学报(社会科学版),2012,27(6):7-12.

[18] 郑杭生.中国特色社会学理论的深化[M].北京:中国人民大学出版社,2010.

“三社联动”：社区治理创新的动力①

城乡社区联系群众最直接、服务群众最具体，是社会治理最基本的单元。面对人民日益增长的美好生活需要和不平衡、不充分的发展之间的矛盾，城乡社区治理和服务功能需要进一步升级和创新。“三社联动”是创新社区治理、构建现代社会服务体系、巩固党的执政基础的机制和手段之一，已被纳入党中央、国务院的决策部署中。如何发挥“三社联动”的作用，将这一决策部署贯彻到位，让基层社区成为“共建共治共享”的共同体，及时回应居民诉求？本刊记者特约专家进行剖析，且听专家怎么说。

一、社区是社会治理的“神经末梢”

记者：习近平总书记多次强调，“社区虽小，但连着千家万户，做好社区工作十分重要”，“社会治理的重心必须落到城乡社区”。城乡社区是人民群众安居乐业的家园，是党和国家政策措施落实的“最后一公里”。党的十九大报告以及《中共中央　国务院关于

① 本文曾发表于《中国社会工作》2017 年第 11 期，此次收录略有修改。

加强和完善城乡社区治理的意见》(以下简称《意见》),也对城乡社区治理体系做出了深入部署。这给基层社区传递的是什么样的信息?能给社区带来怎样的前景?

林闽钢[①]:这进一步表明社区治理在国家治理体系中具有基础性的地位和作用。一方面,社区既是社会生活的基本平台,也是社会治理的"神经末梢"。在我国,城乡社区通常是指居委会辖区和村民委员会(以下简称"村委会")辖区共同体,属于基层法定社区范畴,是现实社区的重要表现形式。另一方面,发端于20世纪90年代初的社区建设,是中国经济转轨和社会转型的必然产物。与此相伴随的是"单位人"向"社区人"的转变,出现了居民利益社区化的发展趋势。在我国城乡社区迅速发展的今天,社区日益成为社会成员的集聚点、社会需求的交汇点、国家治理的着力点和执政党在基层执政的支撑点,推动社区治理发展已成为最广泛的共识。

徐永祥:社区也是党和国家开展与加强基层建设的重要平台。与20世纪90年代相比,社区建设的环境与动力、社区服务与管理的对象、社区治理的主体、社区治理的问题和任务等方面都发生了很大变化。这就需要我们以习近平新时代中国特色社会主义思想为指导,以《意见》为指针,立足国家治理,以改革创新为动力,切实在实践中加强和完善社区治理的体制与机制,"努力把城乡社区建设成为和谐有序、绿色文明、创新包容、共建共享的幸福家园"。同时,我们应深刻认识到创新社区治理的背景,即20多年来我国城市社区建设成绩斐然,尤其在人口管理、社区治安、保洁卫生、公共

① 林闽钢,南京大学政府管理学院社会保障系教授。——编者注

服务设施建设等方面改变很大，但社区建设的现有体制仍不适应社区治理的创新要求。其具体体现在以下三方面：一是社区建设的行政化在许多地方较为突出，有的基层政府还习惯于对社区事务大包大揽，有的则对社区建设和社会服务投入不足；二是社区居委会的社区自治能力和社区服务能力不足，社区居民对社区的认同感、归属感还很低；三是农村社区建设刚刚开始，尚未形成普遍性的、可复制的成功经验和模式。这意味着基层社区治理的方式和水平亟待创新。

二、实现社区共建共治共享，需要发挥“三社联动”作用

记者：“推动管理和服务力量下沉”“推动社会治理重心向基层下移，发挥社会组织作用，实现政府治理和社会调节、居民自治良性互动”是《意见》以及十九大报告对完善社区治理体系建设的具体要求。在推动职能下沉、治理重心下移的过程中，基层社区承担的治理任务将会越来越重，但在多年的政府主导建设模式下，社区居委会的参与动力较弱，与满足居民需求还有些差距。那么，新形势下社区的治理资源统筹机制如何被激活，社区治理的内在能量如何得到释放？

林闽钢：社区治理是社会治理的主要构成方面，从社区层面来看，共建共治应作为社区治理的主要途径。其可以从两方面展开，一是全面推动建立政府行政管理与基层群众自治的有效衔接和良性互动，二是全面推进社区群众性自治。就现阶段的社区情况而言，群众性自治有三种主要形式：一是以居委会（村委会）为组织载体的居民（村民）自治，二是以业主大会、业主代表大会、业主委

员会（以下简称“业委会”）为组织载体的社区业主自治，三是以基层社会团体为组织载体的社区社团自治。这三种形式不能相互替代，但可以功能互补。

在社区层面，实现社区共享是社区共建共治的目的，是社区治理的应有之义。共享是社区发展的出发点和落脚点，但社区共享并不意味着坐享其成，而是“人人参与、人人尽力”，在此基础上“人人享有”。

徐永祥：在推动治理重心下移的过程中，还需要充分发挥“三社联动”机制的优势。需要注意的是，“三社联动”不是目的，而是一种机制和手段，共建共治共享的幸福家园才是根本目标。回顾历史，我们可以发现“三社联动”主要是针对传统的社区建设的体制弊端和社区服务的短板而被提出、被倡导的。21 世纪初，上海、广东、江苏、浙江等沿海地区的一些地方政府开始逐步让渡部分社区服务和社区管理事务空间，吸引社会组织特别是专业社会工作机构介入社区治理创新，逐步建构起“政社分开与合作”的社区治理的新体制、新机制。这既提高了社区服务的针对性、有效性及服务水平，也提升了政府社会管理的能力和水平，还通过社会组织减少了社区居委会的行政事务，培训和提升了居委会社区自治工作的能力。由此，社区居民对社区的参与度、认同度、归属感也有了明显提高。

三、推动“三社联动”升级，加快社区治理现代化

记者：近年来，各地通过建立“三社联动”机制，广泛汇集了“政—社—民”各方资源，更好地回应了社区居民的服务需求。但

在具体实践中，各地对“三社联动”的内涵、模式以及深层动因缺乏探究，致使“三社联动”在社区治理中的机制优势尚未得到充分发挥。那么，该如何进一步发挥“三社联动”的机制优势，补齐社区治理短板，回应居民诉求？

徐永祥：我认为，要进一步发挥“三社联动”的优势，体制的改革创新是根本动力，应明确以下四方面的定位和关系：一是党领导社区治理的体制和机制设计，既包括党对政府的领导及考核，也包括党对居委会、村委会、业主委员会等自治组织的领导，还包括党对各类新型基层社会组织的领导；二是政府负责社区治理的体制和机制设计，包括各级政府及部门事权和责任的区分，在“政社分开”原则下政府社会职能转变的“清单”和政府向社会组织购买社区服务的“清单”的列出；三是基层政府与社区自治组织的关系，既包括政府对社区治理、社区建设事务的主导，基层政府对城乡社区居委会、村委会工作的指导与考核，也包括社区居委会、村委会对基层政府工作的监督与考核；四是在“政社分开”原则下，社会组织参与社区治理和社区服务的体制、机制及空间。

林闽钢：近年来，全国各地通过开展“政社互动”让渡了一些空间，初步形成了政府行政管理与基层群众自治互动衔接的局面，可以说是“三社联动”1.0 版，但在厘清了政社职能边界的同时，城乡社区能否承担原来由政府大包大揽的各项服务管理职能，并推动社区治理新发展，成为目前“三社联动”需要解决的新问题。为此，亟须将“三社联动”升级至 2.0 版。

首先，把培育和发展社区社会组织作为增强社区“政社互动”的“牛鼻子”，并引导社区居民自治，共同搭建社区共建共治平台。社区自治性的成长，不仅依赖于社区居民的自治意识增强和能力的提升以及社区居民组织化的存在，还应有协商处理社区事务的多个平台，如城乡社区中的楼栋、院落、小区等“微”场域内形成的“微”共同体。这就需要以居民需求为导向，引导居民广泛参与，推动以社区为平台、社区居委会带动居民参与社区治理、社会组织为居民提供服务的“三社”融合发展。

其次，通过政府购买服务的方式，引导社会组织参与社区治理、提供社区服务是目前最佳路径之一。项目化运作可为社区发展引资聚力，通过多样化的社会组织将各种外部资源引入社区，激发社区活力，同时通过社会组织和专业社工提供专业化、有针对性的服务等方式，提高社区服务质量，形成从社区治理到社区服务一体化发展的新格局。

最后，倡导和培育社区居民的公共精神，挖掘居民中的能人和热心人为社区增能，分阶段、分步骤、分类型地对城乡社区开展“社区营造”，以“一区一案”的方式推动社区治理转型升级。比如，提升社区治理水平既包括完善社区基础硬件设施、优化社区公共环境等硬件提升，也包括营造社区风尚、培育社区居民参与、开展社区公共文化活动、创建社区品牌等软件提升，通过硬件和软件的提升来增强社区凝聚力，加快社区治理现代化步伐。

基层社会治理中的“三社联动”：内涵、机制及其实践逻辑

——基于深圳市H社区的探索①

徐选国　徐永祥

党的十八届三中全会以来，“创新社会治理”成为各地探索和推进治理能力与治理体系现代化的重要内容。那么，如何理解社会治理及其创新？强调从以往政府行政管理本位向多主体协同共治的逻辑转变，成为创新社会治理的内涵所指。这一转变至少体现了社会管理与社会治理在主体、规则、机制、效应等方面的显著差异。其中，强调由单一主体向多元主体转变的主体治理路径，向不同主体如何有效治理的规则治理路径的转变，成为创新社会治理的核心诉求。治理关系和治理规则的建构，成为社会建设的核心维度。[1]从根本上讲，创新社会治理要求进一步优化国家与社会关系格局，以在特定的治理规则（如何治理、如何互动）下形成国家与社会之间的合力，促进社会治理效益的最大化。那么，国家与社会之间应形成何种互动关系？这里的国家、社会在当前中国语境

① 本文曾发表于《社会科学》2016年第7期，此次收录略有修改。

下分别指什么？如何实现国家与社会的有序互动，以形成创新社会治理所需的政社联结机制和治理规则？本研究试图对上述问题进行分析和探讨。

一、“三社联动”：基层社会治理的重要命题

在进入对国家与社会的互动关系的讨论之前，我们有必要对本研究所讲的国家、社会的基本内涵及外延进行初步的界定，并进一步将两者纳入基层社会治理脉络中进行分析。马克斯·韦伯对“国家”这一概念进行过极富创造性的建构，认为“现代国家是一个施行支配的必要组织，是一种人支配人的关系，一种由合法的暴力支撑的关系，是在给定疆域中成功地垄断暴力的合法使用权的人类共同体”[2]。爱德华·希尔斯指出，“国家是民族或人民的化身，它是一个有目的性、有凝聚力的实体”[3]。乔尔·S.米格代尔尝试在韦伯等人论点的基础上重构“国家”定义，即“国家是一个权力场域，其标志是使用暴力和威胁使用暴力，并受到民众的观念和国家各个组成部门的实践所形塑和影响”[4]。韦伯的国家观具有抽象性和理想性特征，强调国家的独立性，因而与其他社会力量之间有明显的界限，并且，他强化了国家权力至上和国家能力的无限性。希尔斯的定义更加符合一种民族国家对于“国家”意义的理解。而米格代尔则将国家推向了更接近现实的境地，即国家具有权力属性，且这种权力要受到民众的观念和国家各组成部门的实践的影响。这个定义暗含着国家与社会的关系在本质上是一种相互改变、相互强化、相互构成的关系。米格代尔的“社会中的国家”研究范式就深刻地体现了他的上述

论点。米格代尔的国家观对我们理解当前中国语境下的“国家”含义具有重要启示：其一，国家的存在是与社会相互依存的；其二，国家并非铁板一块的抽象实体，而是由诸多具体的部门及其实践所构成的，体现出国家的不同面向；其三，国家能力具有有限性，这成为国家与社会的连接点。在此基础上，笔者认为，中国的“国家”既是代表中华民族的实体组织，同时，因其具有不同层次和结构而形成了一套复杂的权力网络体系，在行动实践上表现为中央、地方各级政府运用权力进行公权力实践的各个方面。正是在这个意义上，笔者认为：国家既是抽象的，又是具体的；既可以指整个民族，又可以指一种民族凝聚力；既可以指中央政府，也可以指中央政府以外的各级地方权力体系（笔者将后者统称为“地方国家”，体现出国家在基层的表现形态）。在基层社会治理实践中，国家意指具有权力、权威的地方政府，包括省、市、区（县）、乡（镇）以及街道等层级的权力主体。

关于“社会”内涵的论争，至今尚未停止。“社会”的概念最早在柏拉图的《理想国》中被具体化为城邦，因而体现了较强的政治社会属性；马克思有关“社会”的概念更多地强调国家以外的领域，因而形成了国家与社会分离的深层传统；埃米尔·涂尔干将“社会”视为由一系列社会事实构成的有机体，因而是一种集体性存在，它具有强烈的道德和宗教属性[5]；卡尔·波兰尼在涂尔干的基础上，指出“社会”具有实体性，相对于市场的不断入侵，具有反思性、反作用力和自我保护的社会随之出现，这样的“社会”包含着各种义务、互惠关系、宗教传统、行为模式以及一系列能够引导人类冲突和欲望转向非经济目的的其他社会关系[6]。可见，“社会”的内涵经历了与政治国家一体、分离到具有集体性、实体性、道德性的具体化的社会结构或关系的过程。尽管上述思想仍具高度抽象性和概括性,但其内在地确立了“社会”的本质属性,尤其是涂尔干、波兰尼的社会观为我们建构“社会”的内涵提供了深刻的启发:社会具有客观性,同时,其对市场等试图破坏社会的力量具有反向作用,因而体现出能动性与自主性;社会有各种不同的利益主体,但根本是为广大社会公众的利益而存在的,正是在这个意义上,社会与作为公权力和公共利益代表的国家具有互构共生关系。具体而言,社会在具体实践中由国家、市场以外的各种追求社会理性的社会力量构成,在基层社会治理场域中,这些社会力量包括社区、社会服务组织、社会工作者等具体行动主体。

我们可以看到,正是在基层社会治理实践中,一种(地方)国家与(基层)社会的交融与互动实现了,因此,基层社会治理创新本质上就是国家与社会在基层的关系重构。具体而言,我们就是要考量参与基层社会治理的不同行动主体之间的互动关系,将社区、社会组织和社会工作者统称为代表社会面向的范畴,而将地方政府视为代表国家面向的范畴,两者因共同致力于基层社会治理创新这一核心要素和共有目标而得以联结。可见,在基层社会治理领域,国家与社会不再是抽象的二元对立关系,而是基于诸多共同事务、共同目标而形成的团结关系。更进一步地说,代表社会力量的“三社”成为基层社会治理不可或缺的构成要件,它们与地方国家共同致力于社区治理实践、社区建设目标而得以彰显其现实意义。因此,在基层社会治理实践中,社区成为重构国家与社会关系的中心场域和互动空间。笔者认为,以社区为核心的“三社”如何有效“联动”,如何与地方国家进行有效互动,成为推进基层社会治理创新的核心命题。

二、“三社联动”的内涵拓展及重构

“三社联动”成为近年来社区治理创新的核心议题之一。以往的研究具有共识性地指出，“三社联动”是指社区、社会组织和社会工作者之间的联动，强调以社区为平台、以社会组织为载体、以社会工作者为支撑的联动格局。[7][8]这种定义至少需要进一步明确以下问题。一是“谁在联动”。目前，“三社”的主体尚不清晰，仅仅强调社区的平台性是明显不够的。不少人将社区这个平台限定在社区居委会这一组织形式上，因而，形成了看似平衡的“三社”主体。但实际上，这种“三社”的边界限定明显不充分，基层社会中的主体远超出上述“三社”的范围。因此，社区的主体性意涵至少包括社区居委会、社区党组织、有关企事业单位、社区志愿者及社区大众等力量。这样，“三社”的内涵所指才在主体上得以平衡。二是“如何联动”。目前，“三社联动”的内外机制不明确。一方面，“三社联动”的内在机制是什么，以使得“联动”得以实现？即“三社联动”得以实现的发生学机制是什么？另一方面，“三社”通过怎样的外在机制而得以联动或有效联动？当前学界和实务界更多地从政府职能转移、政府购买服务等方面来回答“三社联动”的外在机制，而忽略了对其内在机制的探究。三是“为何联动”。现有“三社联动”的目标指向尚不清晰，如果按照主体视角来谈“三社联动”，那么，通过“三社”的“联动”，最终是要实现何种目的？目前的论述将目标定位在社区上，即通过“三社联动”实现社区建设与社区发展。这种论述本身没有问题，但出现了“三社联动”在内涵与目标上的混乱，导致其实践成效存在限度。

可见,学界有关“三社联动”的内涵阐释尚不清晰,对“三社联动”的深层机理缺乏深究。笔者认为,要想有效发挥“三社联动”之于基层治理创新和社区建设的重要作用,发挥其“名副其实”的现实功能,就有必要先对“三社联动”的内涵进行再认识、再建构。结合以往研究面临的困境与实践中正在探索的“三社联动”经验,笔者认为,“三社联动”是在政社分开与团结机制下,通过政府购买服务等外在机制,激发社会活力(以“三社”为主体)参与社会建设,促进政府与社会力量分工协作、各司其职,以推进基层社会治理和公共服务创新的过程及其实践逻辑。这个定义包括如下相互关联的核心要素。

(一)社区的“本位”特征

“三社联动”中的社区不能仅仅被视为一个平台或治理主体,实际上,社区构成了“三社联动”的核心元素。这需要我们从三个不同的维度来理解社区。一是地域和行政区划意义上的社区,这里的社区不仅指地域空间,还指管辖这一地域空间的主体——街道和社区居委会(以及社区层面的党组织等)。这是在现有“三社联动”的内涵中被普遍忽视的方面。只有认识到社区的主体性特征,我们才能将社区、社会组织和社会工作者纳入同一个维度加以分析。二是平台意义上的社区,也即现有学者指出的“以社区为平台”的观点,在这里,他们更多倾向于将社区视为一些活动平台或服务平台,尤其像珠三角地区推广的社区服务中心。这里的社区仅仅被视为一个缩影,一个参与社区建设的平台。因此,从这个意义上理解社区显然是不够的。三是共同体意义上的社区,即我们近年来讲的社区建设的目标问题。如果我们不将“三社联动”最终落脚点放到社区建设和社会发展上,那么,“三社联动”就可能会迷失方向。笔者认为，第三个层面的社区意义，指的是通过多元化资源的整合与运用，在政社分开与团结机制下，形成多元主体推动社区建设的合力，以推动社区建设从社区碎片化向社区整合，从地域共同体向生活共同体、精神共同体、情感共同体的转变。因此，“三社联动”的核心在于坚持社区的“本位”特征，其根基是社区，最终目的是迈向一种新的社区共同体建设。正是在这个意义上，社区在基层社会治理中具有主体性、平台性和目标性等多重特征，而非单一的平台性特征。

（二）社会组织的“桥介”属性

对于“三社联动”中有关社会组织的本质属性学界已基本达成共识，即强调社会组织的载体作用。但是，以往研究的一个缺憾在于，它们仅仅强调法定意义上的社会组织，即具有合法性资质的法人社会组织，强调社会工作者以这些组织为载体，为社区提供各类服务。这种观点忽视了社会组织的多元性问题，未将法定意义（社会团体、民办非企业单位、基金会）以外的各类社区社会组织（自组织）纳入“三社联动”的社会组织范畴。也即，可以通过发挥具有法人资质的社会组织在社区内的枢纽和孵化功能，不断促成社区内各类人群的自组织化，形成兴趣爱好类、绿色环保类、公益慈善类、法律维权类等社区社会组织，再通过它们将分散于社区的个体组织起来，为参与社区建设贡献组织化力量。实践表明，仅仅通过现有的法人社会组织来调动社区居民参与社区建设，既不符合实际又难显成效。因此，通过社区组织化逻辑不断培育社区社会组织，通过一些形式多样、内容丰富的活动，将社区内具有相同兴趣爱好、相似行动偏好的居民组织和凝聚起来，共同参与社区公共事务和社区建设，这体现了从单位制时代的“国家—单位—个人”，到单位制解体后的“国家—社区(缺失状态)—个人”,再到当前社会治理背景下的“国家—社会组织(包括社区社会组织)—个人”的转变逻辑。由此可见,社会组织在国家与个人之间起着重要的“桥介”(桥梁和媒介)作用,已成为国家与个人关系的调适器和缓冲剂。社会组织有效嵌入社区、扎根本土情境的策略与能力尤为关键。因此,从单一、狭隘的社会组织范畴向更广泛的社区社会组织范畴的转变,以提升个体化、碎片化时代的社会再组织化目标[9],是理解“三社联动”内涵的重要内容。

(三)社会工作人才队伍的整合功能

社会工作坚持“以人为本、助人自助”的核心宗旨,强调通过一系列专业价值、专业方法和专业技术为有需要的个人、家庭、社区提供相关的服务。但是,纵观全国社会工作发展的情况,现有社会工作人才在践行“助人自助”理念、参与和谐社会建设方面的成效尚不明显。其中的根源是什么呢? 笔者认为,在很大程度上,现有的社会工作实践过于强调(西方意义上)所谓社会工作的专业性,进而导致社会工作人才队伍存在“水土不服”的现象,他们在开展服务时不能“对症下药”。无论是推行岗位购买模式,还是项目化购买模式,都需要社会工作者能够“接地气”。而现有的社会工作人才队伍主要由两大队伍构成:一是以高校社会工作专业毕业生为主的所谓的专业社会工作者;二是在全国社会工作职业资格考试推动下产生的一批社区工作者。当前的社会工作实践表明,这两支队伍在现有的社区服务和社区建设中存在疏离化现象,即两支队伍并未在服务社区群体、促进社区建设方面进行整合、互动与合作。与此同时,这两支队伍并未与长期从事基层社区工作、以居委会干部和街道临时聘用人员为主体的社区工作队伍之间形成较好的联动关系。在很大程度上，“专业化”与“去专业化”成为不同力量得以整合的重要障碍。[10]笔者认为，在“三社联动”实践中，我们不应仅仅强调专业社会工作者的重要性，强调专业社会工作者的社区化、在地化能力，与此同等重要的是，如何在有效整合现有存量人才，并提升其能力素质的基础上，实现社会工作人才队伍的壮大，以凸显社会工作在和谐社会建设中的重要抓手作用。

三、政社分开与团结：“三社联动”参与基层社会治理的一个分析框架

（一）政社分开与团结：“三社联动”的根本前提

如何理解上述有关“三社联动”的内涵及“三社”之间的内在关系？如何化解“三社”之间可能存在的冲突、对立、排斥？要回答这些问题，我们必须进一步思考“三社联动”的运行机理，即形塑和规制“三社”得以“联动”的内在机制是什么？以往的研究较少对“三社联动”的机制予以足够的学理关怀。笔者认为，“三社联动”是基层社会治理的有机构成，因此，它并不仅仅是“三社”之间的互动，在本质上，它是国家与社会在基层治理实践中的互动，有着明显的政社互动性质。以往学者已经不同程度地认识到这一点，并指出这种政社互动关系包括两个层面的含义：一是强调政社分开，即要从原先“总体性社会”（total society）中的政府大包大揽向政社分离转变，强调政府与社会力量各自的优势与功能边界[11]，体现基层社会治理参与主体的多元性诉求；二是强调政社合作，即认为在推动“三社联动”参与基层治理过程中应该实现政社的平等合作与伙伴关系[12]，体现多元主体参与基层社会治理的规则问题。合作

意味着互动双方之间的地位、权力、资源等方面具有平等或均衡的特性。

笔者认为,强调政社分开确实是推进“三社联动”的有效前提,但是,在中国语境下,支撑政社分开的理论依据是什么呢?学术界长期沿用的公民社会、法团主义理论已经被证明在解释中国特定本土问题上存在多重困境和局限性。因此,“三社联动”之于基层社会治理这一议题,必须探究两个理论上的问题:一是“三社联动”需要以政社分开为根本前提,那么,政社分开的理论依据是什么?二是什么样的政社关系才有助于实现“三社联动”参与基层社会治理的目标?关于第二个问题,政社合作关系已经被证实为在当前语境下缺乏平等合作的条件和环境。但在实践中,我们仍不断强调从原先的管理传统向治理路径转变,这种转变至少包含以下三层含义:一是从政府的行为角度看,其管理行为存在着不完善之处,因此,政府职能转变和角色调适成为社会结构变化的重要维度;二是从社会力量的角度看,原先社会结构中“社会”的缺失状态使得整个社会缺乏活力,因此,在社会力量不断成长的过程中,社会性要素成为社会治理的重要动力;三是从政府与社会力量的目标角度看,两者在实现公众利益、促进社会发展方面具有共同的目标追求,因而呈现出一种有机团结,而不是此消彼长的二元关系机制。由此,我们认为,基层社会治理要求政府与社会力量之间形成一种相互团结的关系格局,也即强调政社分开与团结是“三社联动”实践中应坚持的政社互动关系。这就回答了上述第二个理论问题。然而,我们仍需要进一步追问第一个理论问题,即支撑政社分开与团结的理论依据是什么?这才是“三社联动”得以实现的深层机理,也是目前学术界普遍忽视而实务界难以将“三社联动”加以深化的主要原因。

（二）嵌入性理论："三社联动"参与基层社会治理的理论依据

从以往研究来看，相关研究并未关注"三社联动"的根本机制问题，也即"三社联动"如何实现的根本逻辑问题。笔者试图从波兰尼和马克·格兰诺维特的嵌入性理论中寻求破解上述困境的出路，尝试性地建构一个整合性理论分析框架，以回答下列两个关键问题：一是"三社联动"何以能够发生（"三社联动"的逻辑动因是什么）；二是"三社联动"的实践逻辑（多主体之间如何联动以及联动机制是什么）。换言之，借助嵌入性理论，我们需要回答基层社会治理中的政社关系问题。如上所言，我们认为，"三社联动"应该在一种政社分开与团结的关系框架下进行实践，嵌入性理论可以为我们提供一种解释政社关系的理论分析框架。该框架具有如下理论观点。

其一，嵌入性强调了两个相互关联的事物之间的本质性关系，类似于波兰尼提出的"本体论嵌入观"。在波兰尼看来，市场嵌入社会是两者的本质关系。[6]格兰诺维特提出的"方法论嵌入观"从策略上分析了市场（或个体）行为如何有效地嵌入社会网络之中。[13]基于上述嵌入性的本体论和方法论，笔者认为，社区与社会之间存在着类似于市场与社会之间的本质关系，即社区嵌入社会。[14]而自20世纪90年代以来进行的自上而下的社区建设运动，导致了社区的"异化"或"内卷化"现象[15]，我们将此现象称为社区的"脱嵌"，即社区偏离了"如其所是"的本质属性和运行轨道。基于此，要想实现基层社会秩序的重构目标，就必须实现社区"再嵌入"（社会）。因此，嵌入性理论为我们提供了分析两个或多个事物的如下关系逻辑：社区嵌入社会（本体论）—社区脱嵌（实践论）—社区再嵌入（方法论）。

其二，基于“社区嵌入社会”的根本逻辑，政府与社会力量之间逐渐形成新的逻辑关系，即社区属于社会而非国家的本体论思想，逐渐改变着长期以来社区作为国家治理单元[16]的情形，这使得基层政府越来越意识到行政权力过度下沉或渗透在社区治理中存在的问题，因而试着转变职能、重构地方政府与基层社会之间的关系，向引入社会力量、培育社会组织、激发社区活力的互动关系转变。这种关系转变的根本前提是政社双方意识到“社区”这一空间的关键属性：一是社区作为社会的有机构成，具有明显的社会性；二是社区作为公共权力与社会力量在最基层的互动空间，成为连接国家与社会的关键因素，具有明显的媒介性；三是社区作为连接个体与社会公共议题之间的载体，具有明显的公共性。将“社区”这一关键变量纳入国家—社会关系分析框架之中，这突破了长期以来有关国家—社会的二元论思想，由此社区成为考察地方国家与基层社会关系的核心变量，“社区嵌入社会”成为分析地方政府与基层社会关系的新视角，也成为“三社联动”参与基层社会治理的根本逻辑。

其三，在对社区的本质属性（社会性、媒介性、公共性）逐渐达成共识的基础上，地方政府及社会力量等主体应该如何行动，以使脱嵌的社区回归其本真状态，进而实现社区的再嵌入？以往关于社区建设的理论观点主要有两种取向。一是强调国家对基层社会的渗透，强调基层建设中国家的主导性。例如，有的学者用“社区行政建设”来指称社区建设中城市基层的行政化建设[17]；有学者认为，社会资本是社区建设乃至国家重塑基层社会生活共同体的核心要素[18]。二是坚持基层社会的自主性和自治性特征。这类观点认为，城市社区改革的深入推进，为城市基层带来了一个独立于国家的社会空间。[19]无论是强调国家权力渗透与吸纳，还是强调社区自治，它们都存在缺陷，主要体现在两方面：一方面，它们从方法论的视角来理解“社区”，即社区更多地具有工具性含义，要么作为国家整合基层社会的单元，要么作为社会自治的单元，忽视了社区的本体论含义；另一方面，它们彼此坚持以一种二元论视角来开展社区建设，而没有以一种二重性的视角来理解国家与社会关系[20]。如前文所述，社区在本质上具有社会性、媒介性和公共性，它是多元行动主体共生的空间和场域，正是在此基础上，社区成为联系地方国家与基层社会的重要纽带。可见，在回归社区本质属性的同时，要不断重塑国家与社会的关系格局。

概而言之，嵌入性理论分别从本体论、实践论、方法论层面为我们提供了分析“三社联动”参与基层社会治理的实践机制。在本体论上，“社区嵌入社会”内在地规定了基层社会治理过程中相关主体的互动关系，政府与社会力量（以“三社”为主）并不是利益上的对立者，而是基于社区建设这一共同目标的共生者，它要求地方政府与基层社会力量之间形成一种团结的互动机制。在实践观上，自上而下的社区建设运动进一步催生了社区发展的“内卷化”现象，出现了所谓脱嵌的社区。在方法论上，我们则需要一系列策略化路径促成脱嵌的社区回归“社区嵌入社会”的本真状态。

四、迈向社区本位的“三社联动”实践：深圳市 H 社区的经验探索

2011 年 8 月，深圳市阳光家庭综合服务中心（以下简称“阳光

家庭”)承接了H社区服务中心的项目[①],为社区内的全部居民,尤其是老人、儿童青少年、困难家庭、残障人士提供专业性、人本性和公共性相结合的多元社会服务,并初见成效。在此过程中,Z街道尝试性地将原来由社区工作站承接的窗口服务打包给阳光家庭来执行,“一窗式”服务模式受到社区居民的广泛好评,在该年度的评估中,居民对社区窗口服务的满意度达到99.3%。在此基础上,Z街道党工委与阳光家庭进一步商谈更深入的合作,双方“一拍即合”,在街道内试行撤销H社区工作站,并达成由阳光家庭承接和实施原属于社区工作站的业务的共识。自2012年4月启动此项改革项目以来,H社区逐渐形成了“三社联动”参与基层社会治理的实践模式,主要体现在社区本质重构、社会组织导入和社工人才整合三个方面。

(一)社区的本质重构:“政府退出,让社区回归社会”

长期以来,社区作为地域性和体制性凸显的国家治理单元,成为继单位制解体后国家进行基层社会管理的重要抓手。在实践中,社区并未因其本来的属性而受到重视,导致实践中出现社区内涵的异化以及社区建设的“内卷化”。简言之,当前推进的社区建设更像是建设社区,而对于社区应该彰显的社会、文化属性及共同体功能则在市场经济时代日渐式微,社区原子化、碎片化和公共性的衰落成为当前社区建设的多重景象。因此,如何使社区再联结、

---

① 在对前期社会工作实践(主要是岗位社工购买)反思的基础上,2011年,深圳市民政局启动了以项目化购买为主要特征的社区服务中心试点建设,旨在通过项目化、团队化、社会化方式实现专业社会工作对于社区需求的有效回应,以助力社区治理创新和社区建设。H社区由于前期具有扎实的社会服务实践基础,成为首批社区服务中心试点之一。

再整合和再组织化，成为社区建设的根本命题。

在此背景下，深圳市 Z 街道党工委不断思考社区的本质含义及其在社会结构中的定位。其中，最核心的思想在于：社区建设的最终目标是社区自治，要实现这一目标，政府必须从社区退出，让社会组织进入，让社区回归社会。这表明，社区从本质上讲是属于社会的，政府必须从社区中撤出来。具体体现在，2005 年成立的 H 社区工作站成为街道各项职能向社区延伸的重要载体，因而具有了类似于政府行政层级的属性，导致社区工作站的行政化特征凸显，以及居委会日益边缘化。结合十八大以来提出的“加强社会体制改革，激发社会活力”“创新社会治理”等理念，Z 街道将 H 社区工作站转型升级为社区服务中心（其实相当于撤销了 H 社区工作站），由阳光家庭负责运营原来由 H 社区工作站承接的绝大部分业务，从原来街道—社区工作站之间的上下级行政隶属关系变为街道—社区服务中心（由社会组织承接）之间的政社互动与共治关系。这就明晰了政府、社区和社会组织在基层建设中的定位，强调了社区的去行政化与社会性并重的特征。Z 街道在推动 H 社区治理创新过程中，确立了“让社区回归社会”的核心理念，并建立了社区党建、社区服务、社区管理和社区自治“四位一体”的社区建设制度体系，通过强调基层社区党建的社会化属性，逐渐形成以社区党组织为核心引领、居委会回归居民自治属性、社会组织等主体协同参与的“一核多元”社区治理格局。通过上述举措，社区的行政化特征逐渐减弱，而其本应具有的社会性、公共性和共同体属性则逐渐凸显。

（二）专业社会组织的导入与本土组织的培育：社区的再组织化逻辑

Z 街道在 H 社区推进社区体制改革的又一个重要策略是，代表基层政权的街道主动导入专业性和社会理性突出的阳光家庭等数家专业社会服务机构，并积极、主动培育在地化的社区社会组织，通过政府购买服务或民生“微实事”项目的开展，促进政府职能转移有效落地，充分利用社会资源激发社区活力，推进“政社不分”向“政社分开与团结”机制的转变。这成为社区建设过程中实现社区再组织化的重要路径。这种政社分开与互动关系机制的形成，需要分别从街道（政府）、阳光家庭（社会组织）等主体的角度进行分析。

对于Z街道而言，党工委书记十多年前就对社会组织（非营利组织）有了深刻的认识，在最近几年的街道和社区体制改革过程中，Z街道积极培育和支持本土社会组织，并引入外来专业社会组织，使它们成为社区建设的重要力量，成为政府职能转移以及服务型政府建设的重要抓手。例如，2013年以来，Z街道陆续推动成立了楼栋长联谊会、社会组织联合会，在H社区层面鼓励各类社区社会组织的发展，已有40多个社区社会组织活跃在社区中；同时，通过申请承担民生“微实事”项目，成为动员更多社区居民参与社区建设的重要组织化载体。另外，Z街道还引入阳光家庭、深圳慈善公益网等专业社会组织，以助推本地社会组织不断发展壮大。在关于政府与社会组织的关系定位上，Z街道党工委书记一直坚持认为，政府与社会组织之间是一种合作伙伴关系。

对于阳光家庭而言，机构的社会使命与组织定位、专业人才队伍的延续性等因素至关重要。在成立之初，阳光家庭具有一定的妇联背景，是在深圳市妇联专项项目基础上发展起来的。但随后，阳光家庭逐渐朝着综合性社会组织发展，目的在于通过专业理念和方法的运用，为社区内的各类人群提供多元的社会服务，以促进社区和谐。同时，在阳光家庭成立之前，已经有一支专业的社工队伍在H社区开展妇女儿童专项服务，在2011年运营H社区服务中心项目时，阳光家庭将这支专业社工队伍吸纳进来，继续在本社区开展专业服务，保障专业队伍的持续性和稳定性。阳光家庭不仅在H社区参与社区服务和社区治理，而且逐渐承担了Z街道更多的社区服务项目，包括网格化管理、社会化服务实践项目，以及H社区老年人日间照料服务中心的运营等。专业机构的引领，有助于促进作为协管员的社区工作人员向具有专业性的社会工作者转变。因此，社会组织在Z街道基层社会治理创新进程中不可或缺。

（三）社会工作人才的双向整合：社区服务生产与供给的主力军

政府职能转移如何真正得以落地？在Z街道政府购买服务实践中，引入外来专业社会组织、发挥专业人才队伍优势已成为社区服务生产和供给的重要组成部分。与此同时，有效整合社区资源、提升原有社区工作人员的能力，成为Z街道采用的另一个重要策略。一方面，阳光家庭的专业社工队伍在运用专业理念、方法等为社区各类人群提供专业服务方面具有明显的优势；但另一方面，他们在有效进入社区并积极运用社区资源方面还面临着困境，包括如何进场、如何获得居民信任等。因此，如何将专业人才队伍与原有社区工作者进行整合，发挥各自优势，成为H社区推动“三社联动”面临的一个难题。在H社区工作站被撤销后，Z街道和阳光家庭采取“自愿+择优”的原则，鼓励原有社区工作站人员转型到社会组织中来。经过几轮筛选，最后有6名社区综合协管员转入阳光家庭[1],与机构专业人才队伍一起,构成推动Z街道职能转移、提供社区服务、促进社区建设的生力军。

在实践中,H社区通过制度上的创新实现了专业社会工作者(阳光家庭的专业人员)与社区工作者(由H社区工作站综合协管员转型而来的人员)的结合与优势互补,进而形成了专业性与本土性相结合的人才整合效应。在这样的实践中,一方面,专业社会工作者通过理念、方法等影响着社区工作者,积极改善了原有社区工作者的服务心态和行动实践。另一方面,原有社区工作者则依托于自身对社区情况的熟悉、丰富的社区工作经验,带领专业社会工作者进社区、上门入户了解社区需求的实际行动,形成了一种"互为师徒"的关系格局:在专业性较强的服务方面,专业社会工作者是"老师",要带着原有协管员(转型后称为"社区工作者")一起开展专业服务,鼓励他们参加全国社会工作师职业资格考试,转变他们开展社区工作的理念和方法,以突显"服务为本、以人为本"的社会工作宗旨和使命;在管理性较强的网格工作方面,社区工作者队伍具有较丰富的社区工作经验和熟悉的社区人际关系网络,要充分发挥他们的"师傅"角色,以带领专业社会工作者更好地进入社区。两支队伍的有效融合,为社会工作真正落地并扎根社区创造了重要条件,有利于"社区为本"的社会工作实践模式的形成。

---

① 笔者在调研中了解到,原来的社区工作站由社区专干和综合协管员等10余人构成,在撤销H社区工作站时,绝大部分综合协管员愿意转到阳光家庭中来,而社区专干基本上都不愿意转过来。其原因在于,综合协管员来到机构可以获得一种身份认同感和归属感,而社区专干则认为自己可能失去带有"政府光环"的象征性身份和地位。从这个例子中可以看出,基层社区工作者内部的结构分化特征十分突出。

五、结语

“三社联动”是在因应全面深化改革，尤其是社会治理体制机制创新背景下被提出来的。因此，只有重新对“三社联动”的内涵加以厘定和再认识，并在学理上进一步完善其理论基础和实践框架，才能真正发挥“三社联动”在社区治理创新和社区建设中的机制性作用。正是在这个意义上，“三社联动”不仅能够充实其实践性功能，还能通过其理论优化而不断厚植其学术底蕴，以进一步指导现实议题。尽管有学者一直强调“三社联动”不是学术议题，不应过多强调其与学术研究的关联性；然而，在笔者看来，“三社联动”在本质上与国家—社会框架具有紧密关系，对于实践中正在进行着的“三社联动”，我们需要在特定语境中建构其内生机理并诠释其实践逻辑，如此才能更好地回应“三社联动”与基层治理创新的关系。对此，有学者尝试从历史的视角对“三社联动”的纵向发展和演化进行梳理和阐释[21]，为我们理解“三社联动”的历史脉络提供了重要参考文本。本研究是基于深圳市H社区近几年的探索进行的尝试性反思和经验总结。H社区在治理实践中，体现了地方政府与社会力量的有序互动，这种互动是在不同主体关于“社区嵌入社会”或“社区属于社会”的共识性理解基础之上进行的。在这个意义上，我们认为，尽管地方政府能够吸纳社会力量参与基层治理，与此同时，社会组织、社会工作等社会力量以嵌入的方式参与基层治理，但更深层的互动机理在于地方政府与社会力量的行动必须遵循特定的社区脉络或更大范围内的社会结构。

目前，一些地方民政部门积极推动“三社联动”实践，并试图从制度上形成“三社联动”的运行机制。这种做法无疑适合那些社会力量仍然弱小、社区活力未得到激发、社区发展层次较低、“三社联动”初步发展的地方,体现出一种强调对于社会力量进行培育与发展的特征。然而,在社区建设达到一定程度、社区发展取得一定成效、社会力量得到一定成长的时候,政府应该进一步思考自身的角色,应该从一种“大管家”角色逐渐向资源提供者角色转变,从注重管理的刚性治理向注重服务、合作的柔性治理转变。深圳市H社区的实践表明,在社会经济取得显著成就的同时,社会领域的诸多方面也发生着显著变化,包括居民权利意识与诉求日益凸显,社区公共服务类型日益多元化,社区参与的组织化渠道日趋丰富等,这些都内在地驱动着基层治理主体不断调整自身角色,以适应并引领社区朝着健康、有序的方向发展。通过H社区的实践,我们不难看出,“三社联动”本身是一个动态发展的过程,其在社区发展初级阶段可能需要政府力量的强势主导与推动。但在社区建设具有一定基础的时候,“三社”主体相对得到了更大的发展空间,此时,它们与政府之间的关系从原先的消极从属慢慢转变为一种积极的互动和伙伴关系。而尤为关键的因素在于,何种机制促成了上述政社不同主体之间关系的演变?本研究提出的多主体互动遵循着“社区嵌入社会”的根本逻辑,成为H社区“三社联动”得以有序发展的内在机理。

当然,“三社联动”参与基层治理的具体运行机制并非千篇一律,不同地方进行的实践可能因政社关系差异而体现出各自的特征。但是,“三社联动”作为社会力量的代表性范畴,其参与基层社会治理的过程本身就在不断重构地方国家与基层社会的关系,即实现了向地方国家与基层社会在“社区”这一特定空间中的二重性关系的转化。沿着这一思路，还有更多议题可以继续加以深化和探究。

参考文献

[1] 徐永祥，侯利文.基层建设与社会治理：当前中国社会建设的两个命题[J].河北学刊，2015，35(4)：110－115.

[2] GERTH H H，MILLS C W，WEBER M. From Max Weber：essays in sociology [M]. New York：Oxford University Press，1946.

[3] SHILS E. Center and periphery：essays in macro sociology [M]. Chicago：University of Chicago Press，1975.

[4] 乔尔・S.米格代尔.社会中的国家：国家与社会如何相互改变与相互构成[M].李杨，郭一聪，译.南京：江苏人民出版社，2013.

[5] 菲利普・梅勒.理解社会[M].赵亮员，白小瑜，王璜，等译.北京：北京大学出版社，2009.

[6] 卡尔・波兰尼.大转型：我们时代的政治与经济起源[M].冯刚，刘阳，译.杭州：浙江人民出版社，2007.

[7] 叶南客，陈金城.我国“三社联动”的模式选择与策略研究[J].南京社会科学，2010(12)：75－80，87.

[8] 王思斌.优势主导的“三社”联动[J].中国社会工作，2015(25)：62.

[9] 杨君，徐选国，徐永祥.迈向服务型的社区治理：整体性治理与社会再组织化[J].中国农业大学学报(社会科学版)，2015(3)：95－105.

[10] 王思斌.中国社会工作研究(第十一辑)[M].北京：社会科学文献出版社，2014.

[11] 徐永祥.政社分开：我国社区建设制度创新的必要条件[J].华东理工大学学报(社会科学版)，2004(4)：1－5.

[12] 徐永祥.政社分工与合作：中国社区建设体制改革创新的根本要件[J].中国社会科学(英文版)，2008(1)：142－151.

[13] 马克・格兰诺维特.镶嵌：社会网与经济行动[M].罗家德，等译.北京：社会科学文献出版社，2015.

[14] 徐选国.走向双重嵌入：城市社区治理中政社互动的机制演变：基于对

深圳市 H 社区的经验研究[J].社会发展研究,2016,3(1):163-180,244-245.

[15] 何艳玲,蔡禾.中国城市基层自治组织的"内卷化"及其成因[J].中山大学学报(社会科学版),2005(5):104-109,128.

[16] 杨敏.作为国家治理单元的社区:对城市社区建设运动过程中居民社区参与和社区认知的个案研究[J].社会学研究,2007(4):137-164.

[17] 朱健刚.国与家之间:上海邻里的市民团体与社区运动的民族志[M].北京:社会科学文献出版社,2010.

[18] 刘春荣.国家介入与邻里社会资本的生成[J].社会学研究,2007(2):60-79,244.

[19] 陈伟东,李雪萍."社区自治"概念的缺陷与修正[J].广东社会科学,2004(2):127-130.

[20] 徐选国.嵌入性治理:城市社区治理机制创新的一个分析框架:基于对国家—社会关系范式的批判性反思[J].社会工作,2015(5):55-64,126.

[21] 徐永祥,曹国慧."三社联动"的历史实践与概念辨析[J].云南师范大学学报(哲学社会科学版),2016,48(2):54-62.

中编

迈向社会本位的社会组织改革

本编共收录了徐永祥教授关于“迈向社会本位的社会组织改革”的3篇论文,包括《社会的再组织化:现阶段社会管理与社会服务的重要课题》《迈向社会本位:群团改革语境下地方妇联的实践机制探索——以S市A区妇联为例》《新社会组织:内涵、特征及其发展原则》。在这一编中,徐永祥教授向我们介绍了我国社会组织自单位制解体以来所呈现出的“非组织化”特征,同时提倡以大力发展社工机构来实现社会再组织化,并关注地方群团工作实践机制与改革创新,构建“社会本位”的理论视角。此外,徐永祥教授也重点阐述了“新社会组织”的内涵、特征以及发展原则,并积极倡导“新社会组织”的发展。

社会的再组织化：现阶段社会管理与社会服务的重要课题[①]

徐永祥

在市场经济快速发展、单位化社会体制逐渐瓦解的背景下，我国社会的组织化程度正在不断走低，“非组织化”或“去组织化”问题愈益突出。旧式的单位化体制日趋丧失了其组织社会以及提供社会支持和社会服务的功能，大量公民游离于社会组织、社会支持和社会福利体系以外。因此，基于科学的发展观，大力发展不同于旧式单位化的社会组织，尤其是社会工作机构，切实提高我国社会的组织化程度，是重构我国社会支持、社会福利和社会价值体系的必要前提，也是加强社会团结、社会管理与社会服务的重要课题。

一、社会的非组织化：当前我国社会分化的重要特征

在计划经济时代，我国社会是一个高度组织化的社会，而现阶

① 本文曾发表于《教学与研究》2008 年第 1 期，此次收录略有修改。本研究获得上海市重点学科建设项目资助（项目编号：B501）。

段的社会则呈现了明显的非组织化特征。从组织化到非组织化，是现阶段我国社会转型与社会分化的一个重要特征。

众所周知，我国曾经长期采用计划经济的发展模式，并建构了一套自上而下的集权性与单位化的经济、政治和社会体制。在这一体制下，政府通过公社、生产大队等农村基层组织，工矿企业以及学校、医院、媒体等城镇组织，几乎包揽了所有城乡居民的社会支持、社会福利、社会管理和政治动员职能。其时，所有的正式组织都被政府赋予了社会支持、社会福利、社会管理、政治动员以及或多或少的教育和生产职能，因此实际上成为从属于政府的、集多种功能与角色为一体的“单位”。这些“单位”无不具有高度组织化的特征，其成员也无不具有“单位人”的属性。例如，居民的生老病死、婚姻与家庭关系、子女教育、意识形态及信仰等，无不受到所属单位的关怀。尽管当时人们获得的社会支持和社会福利水平较低，私人生活的空间和形式单一、乏味，且城乡社会之间、国有单位和集体单位之间的二元结构突出，单位的经济效率和管理效率很低，但组织成员之间的平等感、信任感、安全感普遍较高，各个单位组织社会、动员社会和管理社会的能力也很强，因此整个社会得以保持一种超稳定性的结构状态。

随着改革开放的深入和社会主义市场经济的发展，现代企业制度逐渐建构起来，各类经济组织的角色和职能日趋清晰化，原有的“政企不分”“企社不分”的计划经济体制开始向“政企分开”“社企分开”的市场经济体制转型。在这个转型的过程中，经济理性确立了自己的主导地位，企业在市场领域的组织化程度及其效率越来越高。与此同时，旧式的单位化体制赖以生存和运作的基础日益弱化，单位的社会管理、政治动员和社会福利职能日益衰减，整个社会的非组织化问题愈益突出。概括来说，目前我国社会的非组织化、去组织化问题主要体现在如下方面。

第一，目前尚存若干具有社会管理和社会福利功能的国有单位，但其容纳的就业人口在城镇总的就业人口中已失去了主导地位，其组织社会的功能也趋于弱化。这里的国有单位是指国有企业、国有事业和党政机关等单位。据统计，这三类国有单位的职工在1978年为7 451万人，1995年达到顶峰为10 955万人，此后便逐年走低，到2005年仅剩下6 232万人。[1]需要指出的是，虽然国有单位目前尚存在一定的单位化痕迹，国有单位职工尚存在若干“单位人”特征，但国有单位已经难以在其职工及职工家庭遇到社会问题时为其提供有效的社会支持，职工遇到社会问题时也难以从社会其他地方寻求到有效的帮助和支持。

第二，退休职工人数已达5 000多万，但这一群体与原单位的联系越来越弱，难以从原单位获得充分或必要的社会支持和社会福利。虽然20世纪90年代中期开始的社区建设试图对这一群体提供社会支持、社会服务和社会管理，但目前社区行政化体制及民间社会服务组织的缺乏，使得来自社区的社会支持、社会服务和社会管理的范围及效能还相当不足，由此这一群体的组织化程度还相当低。

第三，进城务工人员的人数已达到2亿左右，留守农村的老年人、妇女、儿童及青壮年在7亿左右，他们普遍缺乏来自社会和社区的社会支持和社会服务。由于进城务工人员及其亲属文化程度相对较低，不少家庭长期处于分离状态，加之目前户籍制度的限制，因而这一群体的组织化程度很低，所获得的社会支持和社会服务也很少。

第四,各类企业的白领虽然属于企业的骨干,但在社会领域属于文化程度较高的原子化的群体之一,普遍处于非组织化的状态之中。而目前的社区和有关社团对他们而言普遍缺乏应有的吸引力。

第五,失业的青少年、失学的流浪儿童缺乏社会组织的关怀和帮助,而刑释解教人员、吸毒人员等边缘群体在回归社会、融入社会时也缺乏社会组织的帮助和支持。

由上可见,目前我国城乡居民在社会组织化方面,组织化程度最高的为国有单位职工,而其他成员在社会领域则普遍处于低组织化和非组织化状态之中。由于社会的组织化程度在不断走低,社会成员在社会领域中愈益"非组织化"和"去组织化",而原单位作为城乡居民获得社会安全、回避社会风险的港湾基本上已经不复存在,"单位人"已经逐步转变为缺乏社会组织支持和关怀的"原子化的个人"。

二、民间社会服务组织是实现社会再组织化的重要力量

如果说构建有利于生产力发展的社会主义市场经济体制是我国现代化第一阶段制度建设的核心课题的话,那么,在我国现代化开始起飞的今天,即现代化的第二阶段,构建有利于保障和改善民生、促进社会和谐与公平正义的社会体制则是社会建设的核心课题。正如十七大报告所指出的那样:"必须在经济发展的基础上,更加注重社会建设,着力保障和改善民生,推进社会体制改革,扩大公共服务,完善社会管理,促进社会公平正义,努力使全体人民学有所教、劳有所得、病有所医、老有所养、住有所居,推动建设和

谐社会。”[2]笔者认为，社会体制是社会建设的制度所在，是加强社会管理与社会服务、提高公共服务水平与质量的根本，而做好社会的再组织化这篇大文章，则是加强社会管理与社会服务的必然要求。

在单位化社会体制解体的今天，我们之所以强调社会再组织化的重要性，是因为社会的组织化关乎民生与社会保障实现的方式、社会的内在活力与社会的稳定程度。世界的现代化进程表明，一个社会的组织化程度越高，其稳定性就越强，社会活力就越大，社会管理的难度系数就越小。反之，社会越缺乏活力和社会理性（不同于经济理性），其稳定性就越差，社会管理和社会治理的难度系数则越大。

那么，政府能否直接去组织化？政府能否直接面对和管理好“原子化的个人”或“个体化的社会人”？政府能否直接协调和保护好各个群体特别是弱势群体的权益？答案是否定的。这是因为，虽然组织社会、管理社会、服务社会是政府的责任，但不等于样样事情都由政府统包统揽。事实上，政府社会责任的实现一靠有效的社会政策，二靠众多的社会组织担当政府的助手。除了刚性的社会管理事务以外，柔性的社会服务和社会管理事务不应也不能由政府直接去担当，否则必然陷入社会管理与社会服务成本极高、社会效益低下的局面。这几乎已经成为当今社会管理、社会治理和社会服务的规律性现象。[3]

显然，提升社会的再组织化程度，有必要从社会自身思考问题，有必要大力培育和发展民间社会组织，尤其是民间社会服务组织。从发达国家、新型工业化国家及地区的社会保障与社会管理的成功经验来看，民间社会组织的健康发展是化解社会矛盾、整合社会资源、维护社会稳定、实现社会相对和谐的有效机制与必要条件。从我国的情况来看,民间社会组织是社会再组织化的重要力量,其发展是和谐社会建设的客观要求和必要条件之一,也是我国社会管理体制改革和公共服务(社会服务)模式创新的重要组成部分。由此判断,当今我国正在发育和发展中的民间社会组织,其社会建构的功能和角色既有体现国际共性的地方,也有我国社会转型与社会发展所赋予的特点。概而言之,我国民间社会服务组织在社会的再组织化进程及社会管理与社会服务中的角色和功能主要体现在以下四个方面。

第一,人性化、专业化社会服务的开拓者和社会保障的实践者。社会服务是指政府、社会组织等在社区、专业服务机构里开展的福利性服务和公益性服务,以及社区居民之间的互助性服务。它是整个社会保障制度的重要组成部分,体现了国家对弱势人群的保障责任和对居民的公共福利责任,也体现了互相关心、互相帮助的社区共同体精神。与行政化、科层制的政府部门及目前官办的社会服务组织相比,民间社会组织具有民间性和专业性的优势。民间性的特征,使得它必须直接面对包括社区居民和各类弱势群体、边缘群体在内的社会成员,了解他们真实的问题和服务需求,因而具有主动整合服务资源、开拓服务项目的内在动力。专业性的特征,使得它具备一支专业的工作者队伍(如社会工作者),从而为社会服务注入人性化和科学化的内涵,所提供的服务方式也明显区别于传统体制下的粗放式和经验主义的模式。

第二,社会管理的参与者和社会稳定的促进者。由于我国社会的再组织化刚刚开始,社会的组织化程度还很低,大量的社会成员(如失业或待业职工、进城务工人员及其他弱势群体)尚未能被纳入一定的社会组织，因而呈现出浓重的“原子化的个人”或“个体化的社会人”的特征。在这种情况下，民间社会组织作为社会的“自组织”，不仅有着与社会成员或居民的天然联系以及组织社会的天然能力，而且可以扮演政府和社会成员之间沟通联系的中介和桥梁，通过自愿、协商的方式和专业的手段去服务特定的社会群体并帮助他们解决问题。从这个意义上讲，民间社会组织的社会服务事实上是对社会管理的一种参与，具有社会管理和社会稳定的功能。只要有适当的社会政策，民间社会组织就能够配合政府将那些“原子化的个人”组织起来，将他们纳入社会支持或社会辅导的体系，从而帮助政府解决有关群体和个人的社会问题，促进社会的稳定。

第三，政府社会职能转变的促进者和承接者。应该说，我国的社会管理体制至今仍然留有计划经济时代弊端，其核心是“政社不分”和“以政代社”的问题。其结果是政府在社会领域中的职能至今未能有效转变，未能与非政府的社会组织相区分。一方面，政府仍然越位直接管了许多不该管、管不了也管不好的社会事务，并背负了极高的经济、政治和道义成本。另一方面，面对一些新的社会问题，政府的职能却往往陷于缺位或不到位的尴尬境地，尚无有效的应对手段。这些都表明，加强社会管理，创新公共服务模式，必须转变政府社会职能的实现方式，剥离政府包揽的部分社会服务与管理事务。显然，最有能力承接这些剥离出来的社会事务的，当是各类专业化与职业化的民间社会服务组织。从这个意义上讲，民间社会组织对社会事务的参与，有利于政府社会职能的转变，有利于建立和健全“党委领导、政府负责、社会协同、公众参与的社会管理格局”[4]。

第四,社会文明与和谐社会价值的倡导者和推动者。市场经济遵循的是经济理性、利益原则和竞争法则,必然带来人际关系的货币化和利益至上的社会风气,造成阶层的隔离和人际的疏离,冲击人们互助互爱的共同体生活的基础。也就是说,经济理性和市场法则在社会领域必然是失灵的。这就需要政府和社会组织的公益投入,倡导社会理性,建设社会文明,营造和维系社会团结的文化。显然,民间社会组织所从事的社会服务、慈善活动及其他公益事业,是整个社会文明建设不可或缺的组成部分,也是社会团结的必要条件。这是因为,民间社会组织的非营利服务和其他公益性活动,内含和倡导的核心价值是社会的和谐,基础是以人为本的原则和人道主义精神,追求的是社会的至善,关心的是共同利益,塑造的是人与人之间平等、信任、合作、协调、团结与整合的关系。此外,在自己开展和开拓社会服务及其他公益性活动之外,它们因招募、培训大量的合格志愿者参与各类项目,为社会志愿精神的弘扬做出了独特的贡献。不仅如此,民间性和非营利性的特征,客观上使得它们更有利于整合个人和企业的资源,赢得企业和个人的慈善捐赠,促进社会的慈善事业和“企业公民”“社会企业”的发展。

三、大力发展社会工作机构是实现社会再组织化的有效途径

从国际视野来看,现代社会工作既是一种“助人自助”的科学门类,也是一种社会职业和社会组织的类型,更是现代社会管理和公共服务的重要手段之一。而社会工作者则是掌握专业社会工作理念与方法的、从事社会管理和社会服务的专门人才。在市场经济发展与社会转型的当今中国,发展社会工作事业和社会工作机

构，是促进社会管理体制改革、创新公共服务内涵与模式、推动民间社会组织健康发展以及提升社会组织化程度的必然要求。

社会工作已有100多年的历史，是世界工业化和现代化的产物。在19世纪末20世纪初，社会工作还只是一种与慈善相联系的、由民间非营利组织及其工作人员向穷人提供社会支持的方法和手段。第二次世界大战前后，随着政府对市场和社会领域干预力度的增强，尤其是福利国家制度的建立，欧美国家相继通过了一些社会政策或立法，确立了专业化与职业化的社会工作制度，并将其作为政府实施社会管理和提供社会服务的重要手段。此后，许多国家和地区也逐步建立了社会工作制度。由此，社会工作逐步从单一的慈善手段发展成为现代社会管理和社会服务的重要内容，成为现代世界解决社会问题、维护社会稳定的科学方法与社会制度。[5]

社会工作之所以成为当今许多国家和地区进行社会管理和社会服务的手段，主要原因有以下两点。

其一，专业社会工作面向弱势群体和边缘群体的社会服务及其蕴含的以人为本的柔性管理特征，可以弥补政府刚性政策和刚性管理的不足。一般而言，政府在处理社会问题和社会冲突事件的时候，刚性的行政化管理虽有其必要性，但也存在着难以服众的缺陷，以及忽视差别的一般化原则这一管理制度的缺陷。专业社会工作则不同，它秉持的是“助人自助”的理念，遵循的是平等、接纳、差别化的职业伦理和工作模式，注重解决的是某一群体或个体社会问题产生的原因，因而具有政府单一行政化管理手段所无法比拟的优势。因此，第二次世界大战以来的欧美国家以及当今许多新兴工业化国家和地区，纷纷将社会工作纳入其社会管理和公共服务的体系。可以说,这些国家和地区自20世纪60年代以来能够保持数十年社会稳定的局面,从一定意义上说受益于专业社会工作在社会管理与社会服务方面的特有功能。例如,在2005年巴黎所爆发的大骚乱中,政府虽动用警察部队却无法解决问题,但随后借助社会工作者的力量平息了骚乱,这可谓是社会工作之社会管理功能有效体现的一个经典案例。

其二,专业社会工作有助于推动平等的社会福利政策,完善社会保障体系。第二次世界大战后,鉴于工人阶级反抗资本主义不平等的社会主义运动的高涨,鉴于社会主义思想和社会福利权利理念的日益深入人心,鉴于市场这只"无形之手"在社会发展领域的失灵,加之争取选民选票和维护政权稳定的需要,欧美国家普遍建立起政府承担主要责任的福利国家制度及社会保障体系。福利国家制度的建立,为这些国家防止社会的两极分化、实现国民普遍的福利权利、逐步提升国民的福利水平,从而维护社会的稳定和经济的持续增长,发挥了重要的制度保障作用。[6]在福利国家制度发展与完善的过程中,社会工作成为政府制定和实施社会政策的重要帮手。其突出表现为,受过专业训练的社会工作者不仅帮助政府实施特定的社会政策和社会计划,而且作为政府与国民之间的中介,又因其深入了解国民尤其是弱势群体、边缘群体的实际状况和需求,所以可以帮助政府修订和完善某些社会政策。不仅如此,政府通过官办机构和非政府机构中的社会工作者向国民提供了公共性的社会服务,客观上实现了其提升社会的组织化程度以及"寓管理于服务之中"的社会管理意图。就我国的情况而言,在上海、北京、广州、深圳、湖南、云南等地发展起来的现代社会工作,不仅扮演了其在社会管理和公共服务领域的独特角色,而且对民间社会组织的健康发展起到了成功的示范作用。根据和谐社会建设的战略部署，结合国内外社会工作已有的成功经验，可以说，大力发展社会工作机构，建设宏大的社会工作人才队伍，既是保障和改善民生、倡导社会理性、促进社会和谐与公平正义的必然要求，也是完善社会管理、改善公共服务与社会服务、促进民间社会组织健康有序发展、提高社会的再组织化程度的有效途径。对此，可从三个方面来看。

第一，社会工作具有保障和改善民生的工具性作用。搞好民生是和谐社会建设中社会福利政策的重要内容，而社会工作则是实施这一政策不可或缺的助手。一般而言，社会福利政策对特定的人群和特定的社会问题具有普适性的特点，但政策的实施需要具体问题具体对待，即需要进行差别化与个性化的处理，否则社会福利政策的效果就会大打折扣，甚至适得其反。这就需要社会工作机构和社会工作者帮助政府，了解福利对象的问题所在，评估福利对象的真实需求，拿出有效的对策和解决方案。而且，社会工作的参与不仅有助于保证“给予”性质的扶困救助，还注重受助者的“增权”，即帮助受助者获得自身发展及培养创造财富的能力。显然，这种参与对我们这样一个发展中的国家制定和实施发展型的社会福利政策，是极其必要的。

第二，社会工作机构开展的各类专业性的社会服务，有助于改善社会管理和公共服务模式，提高公共服务水平。公共服务既包括政府面向企业和事业单位的行政性服务，也包括政府面向社会公众的非营利性服务。就后者而言，由于体制性的局限，政府目前提供的服务大都属于物质性或简单的福利服务，而专业性的社会服务则比较缺乏，如流浪儿童的保护和辅导，老年人口的社会照料，刑释解教等高危人群回归社会后的辅导，网瘾青少年的教育和辅导，进城务工人员及其子女的社会适应，等等。而政府通过向社会工作机构购买社会服务，不仅可以转变自身的社会职能，改善公共服务模式，还可以以此扩充非营利公共服务的内容，有效满足社会成员对公共服务的需求，并通过这些服务实现社会管理和社会再组织化的目的。

第三，社会工作机构开展的非营利性社会服务，有助于为其他民间社会服务组织的发展提供示范性作用，促进民间社会组织的健康发展。在我国社会转型的现阶段，由于单位化社会体制解体不久，高效的民间社会组织发展和监管机制尚未形成，各类民间社会组织快速发展的条件尚不具备。这就需要通过示范，引导和促进民间社会组织的有序发展。由于社会工作机构的慈善性、公益性和专业化、职业化特点，加之其作为政府在社会管理与社会服务方面的助手角色，当前各地政府的重点应该放在职业化、专业化的社会工作机构（包括由社会工作者领衔的社会福利机构）的发展方面，并通过社会工作机构的示范作用，引导其他民间社会组织渐进性发展。

当然，我国社会工作机构和社会工作人才队伍的建设，离不开一些必要条件的支持和保证，如党对社会工作事业的领导、公共财政政策的支持、社会工作职业制度的建构等。

参考文献

[1] 中华人民共和国国家统计局.中国统计年鉴2006[M].北京：中国统计出版社，2006.

[2] 胡锦涛.高举中国特色社会主义伟大旗帜 为夺取全面建设小康社会新

胜利而奋斗：在中国共产党第十七次全国代表大会上的报告[M].北京：人民出版社,2007.
[3] 徐永祥.社会体制改革与和谐社会建构[J].学习与探索,2005(6)：20－24.
[4] 中共中央.中共中央关于构建社会主义和谐社会若干重大问题的决定[N].人民日报,2006－10－19.
[5] 徐永祥.社会工作是现代社会管理与公共服务的重要手段[J].河北学刊,2007(3)：67－69,73.
[6] 范斌.福利社会学[M].北京：社会科学文献出版社,2006.

迈向社会本位：群团改革语境下地方妇联的实践机制探索

——以 S 市 A 区妇联为例①

高　丽　徐选国　徐永祥

一、问题提出

自中华人民共和国成立以来，党和政府高度重视群团组织的发展，积极推动群众工作、妇女工作与党的工作的一体化建设，以充分发挥群团组织在联系群众、整合群众、动员社会力量方面的现实功能。从妇联的历史发展脉络来看，由于中国特殊的政治环境、文化背景以及革命战争活动，妇联组织与中国共产党之间具有天然的依存关系[1]，成为某种“类党政部门”[2]或“准政府组织”[3]，体现出明显的“官民二重性”特征[4]，其自身在自上而下的政治制度安排下形成了特殊的组织性质与功能定位[5]。最明显的是，妇联所具有的国家政治性与民间社会性之间存在张力，妇联组织的政治合法性与社会合法性之间矛盾凸显，妇联组织的行动逻辑中

① 本文曾发表于《妇女研究论丛》2019 年第 1 期，此次收录略有修改。

的行政压力与社会权责之间存在冲突。

我国妇联组织的历史演变及组织属性整体上呈现出以下特征：一是名义化社会性功能向实质化社会性功能转变。长期以来，妇联始终作为妇女群众组织、社会群众团体的身份存在，但本质上更多地与政府角色保持一致，具有较强的行政性特征。2015 年群团改革明确要求妇联力戒“四化”（机关化、行政化、贵族化、娱乐化）、重塑“三性”（政治性、先进性、群众性），切实发挥其在组织结构、贴近基层、沟通平台和影响公共决策方面的显性优势[6]，以实现社会本位的回归。二是在国家政治体系中的合法性日趋加强，政治性功能凸显。从“在中国共产党领导下”到“党和政府联系妇女群众的桥梁和纽带”，再到“国家政权的重要社会支柱”以及“党的事业的重要组成部分”“党的群团组织”，妇联与党、政府之间密不可分的关系形态与现实关联渐进式地被强化了，妇联成为党密切联系群众、促进社会整合的重要抓手，但也不可避免地产生了内在行政性、官僚化、科层制的特征。正是由于上述情形的存在，习近平总书记在中央党的群团工作会议上强调群团组织要去“四化”。三是妇联组织的双重角色长期存在。虽然妇联原有行政性功能日渐向群众性功能转变，但“对上、对下的双重负责制”现状难以改变，既要向下传达党和政府的决策意志，也要作为妇女群众代表向上发声。这种角色的内部结构性冲突，使得妇联组织在具体实践中常常出现某种“钟摆”现象[7]，徘徊于行政属性与社会属性之间，出现行政化明显、社会性弱化这一“名实分离”的情形，难以有效回应其本质属性。

针对上述情形，2015 年首次召开的中央党的群团工作会议，启动了全国范围内的群团组织改革进程。群团组织改革作为党和政府的一项反思性制度创新,力图加强党对群团组织的统一领导,保持和增强其政治性、先进性和群众性特征,建立健全群团组织社会化的工作机制,使其回归社会属性,以期改变“名实不符”的群团发展格局。同时,随着新时代下我国社会主要矛盾的转变,在进一步推动妇联等群团组织增强“三性”的基础上,十九大报告中明确指出要增强其群众工作本领,创新群众工作体制机制和方式方法。这就对妇联组织群众性、社会性功能的发挥与实现提出了更高的要求。在此背景下,笔者长期调研的 S 市 A 区妇联,在全面反思传统工作方法弊端与局限性的同时,深入探讨增“三性”、去“四化”的核心要义与应用空间,从区域妇女群众工作实际出发,尝试搭建向社会力量购买服务的平台,团结多元主体,试图以项目化、专业化、社会化的运作模式来转变工作思维、延展工作手臂、创新工作机制,以切实发挥服务群众、联系群众的社会性功能,回应改革目标。然而,既有研究较多聚焦于妇联的枢纽型社会组织建设[8][9],社会治理视域下的妇联改革及其功能发挥[10][11],以及新群团观下妇联的改革困境、改革方向及可能措施[6][12][13]等领域,多停留在对制度安排的阐释层面,而对制度创新引领下群团改革具体实践逻辑的深度研究及本土理论建构方面的努力还较缺乏。因此,本研究的核心问题如下:地方妇联在中央群团改革语境下如何执行上级政策,以对中央精神进行在地化、适应性转换?促成这种政策落实与在地转化的核心动力机制为何?妇联在具体改革实践中形成了什么样的实践逻辑?

基于此,本研究以 S 市 A 区妇联近三年的改革实践为重点,具体关注以下几个问题:一是 A 区妇联对中央群团改革要求的理解是怎样的,何以形成一种更加社会化的行动实践取向;二是在对既有理论视角进行批判性反思的基础上，尝试从“社会本位”视角审视妇联组织改革创新的行动实践逻辑；三是深度分析A区妇联组织改革实践过程中形成上述逻辑的内在机理。

本研究主要采取两种方法：一是查阅相关政策文件、工作档案等文献资料，从总体上掌握中央群团改革政策与地方妇联组织开展改革实践的整体思路及应对策略；二是以S市A区妇联作为个案研究对象，在A区开展为期近一年（2017年3月—2018年2月）的田野工作，借助深度访谈、参与式观察等方法来全面考察A区妇联如何参与改革（如通过购买社会组织服务的方式引入专业力量）、采取何种策略性行动（对上如何执行上级政策，横向如何与社会组织联动，对下如何更好地联系群众、服务群众等），以及在上述双重行动下所呈现的改革困境及其限制，等等。

二、社会本位：妇联组织改革的一个分析框架

长期以来，妇联是政府组织还是非政府组织，其组织属性与职能定位何以确立明晰，以及与党和政府的关系如何等，始终是充满争议却又难以回避的关键问题。[1][5][9][14]当前群团改革成为全面深化改革的重要构成部分，切实保持和增强党的群团工作和群团组织的政治性、先进性、群众性成为改革的核心。然而，以往的理论视角长期受制于国家与社会关系框架，而难以对新的改革实践做出恰适性解释。

（一）二元结构张力：国家—社会关系框架的解释限度

在既往研究中，以市民社会和法团主义为代表的两种理论范式成为国家与社会关系分析的理论基石，前者更多强调独立于国

家之外的社会空间及其对国家权力的制衡，而后者则主要以国家与社会之间的联合协作为关切点，突出国家力量对社会领域的约束与整合。[15][16][17][18]但是，由于妇联组织乃是党领导下的特殊群团，其肩负着重要的政治功能。这样一种"类党政部门"的社会团体从根本上难以实现对国家的抗衡，反而具有很强的"国家"色彩。而法团主义所强调的国家对社会的管理，容易使妇联组织陷入"半官半民"的角色困境，导致其社会性功能发挥空间有限。因此，市民社会与法团主义理论对于新时期妇联组织的使命及其组织创新存在明显的解释限度。

为了修正上述两种支配性理论的局限性，米格代尔提出"社会中的国家"这一理论范式，强调国家和社会之间的互相建构，以及这种互相建构关系的动态性变化[19]，为国家与社会关系提供了新的分析视角。但是，"社会中的国家"仍停留在国家—社会的二维框架内，在实践中不可避免地会出现国家与社会之间的内在张力[20]，而且这种"社会中的国家"论述与我国长期存在的"国家中的社会"事实相悖[21]。因此，"社会中的国家"范式对于回应妇联与国家之间特殊的主体间关系仍存限度。

此外，近几年来，国内学者基于中国现实所提出的行政吸纳社会[22]、利益契合[23]、嵌入式监管[24]、参与式治理[25]、合作治理[26][27]等分析视角，在一定程度上是学界基于中国实践提出的本土经验概念。但是，这些理论视角更多地被用于解释政府与社会组织之间的关系，而在解释妇联这一特殊组织形态与国家关系时仍缺乏恰适性和有效性。因此，基于既有理论研究的局限性，如何阐释国家与妇联这类群团组织之间的特殊性关系，深入探究妇联组织回归社会本位的内在学理依据乃是本研究的核心任务。

（二）分工与合作：涂尔干的社会团结理论及其启示

追根溯源，面对19世纪法国社会所出现的多重危机，涂尔干在考察个体人格与社会团结的关系时，认为社会分工的发展可促使个体之间的异质性、相互依赖性增强，并推动社会形成新的团结形式，即有机团结。同时，个体不再以原子化、离散化的状态参与社会、国家的构建，而是以社会分工所建立起来的法人团体作为中介。他指出，“我并不是说法人团体是一副可以治愈一切的灵丹妙药……但是，如果说法人团体改革离不开其他方面的改革的话，那么它就是其他改革的必要条件”[28]。由此可见，法人团体既是社会的基础，也是政治改革和道德重建的基础。因此，涂尔干将解决法国社会危机、重构人类生活的希望寄托于与社会分工相适应而出现的法人团体（职业群体），倡导重建法人团体，构建次级群体，使其成为国家与个人之间的中间地带。这一中间地带一方面可以保护个人免受国家暴政的侵扰，促进公民政治参与，培养公民品性；另一方面也可以保护国家的相对独立，使国家、法人团体、个人三者相互制约，达到均衡状态[29]。涂尔干的社会团结思想为我们思考妇联组织改革的核心指向提供了理论参考。

1. 政治场域与社会场域的交互

在涂尔干看来，法人团体是由那些从事同一种工业生产、单独聚集和组织起来的人们所构成的群体，具有宗教性和集体利益导向。随着工业革命的推进和社会分工的日趋细化，工作占据了个人生活的大多数时间，法人团体或职业群体作为国家与个人之间的次级架构，其不仅能够调节政治冲突、增进政治品性、促进经济社会发展，而且能够提供一个具体的道德环境，为以利己主义为中心的经济生活提供相应的道德标准，进而培育个体之间的相互团结与情感归属，维护社会稳定。由此，在以法人团体为中介的基础上，我们通过组织化的方式建构了一个涵盖政治与社会的公共场域，把个体间分散且弱化的交往压缩至紧密空间中，增加个体间的情感密度，使得个体间的疏离关系转变成组织间的关系，在促进个体与国家权威连接的同时，也实现了从个体与国家的二元结构到国家、法人团体、个体三重结构的转变，进而为解释国家与社会之间的关系提供了新的分析视角。

事实上，早在罗马和西塞罗时代就已存在法人团体，但随着国家与社会的发展，其逐渐成为政府管理机构的一部分，发挥着行政职能。每个法人团体都被看作一种公共服务机构，并相应地对国家负有责任和义务[28]，但其对国家力量的依赖，致使其伴随着国家的消亡而日趋没落[30]。因此，法人团体只有独立于国家行政体制、回归社会属性才能发挥自己的组织与道德功能，维护社会团结与稳定。根据涂尔干的界定，法人团体作为社会组织的存在形式，在社会团结中发挥着社会化功能；其不单是一个权力场域，而且带有一定的“总体性”特征[29][31]；其同时在政治生活、经济生活、组织社会生活等方面发挥着重要作用，进而在现代各个领域、价值观念、现实诉求高度分化的条件下，在社会中观层面重组一个“总体性社会组织”①，以实现国家、法人团体及个体三者之间的有机联系。

2. 国家权威与社会本位的交融

基于西方工业社会所带来的个人主义、社会失范、社会关系恶

① 需要指出的是，这种“总体性社会组织”并不等于“总体性社会”，而是从法人团体功能属性的角度所引申出的一种包括政治生活、经济生活、组织社会生活等多方面的“总体的社会组织”。

化等现实问题,涂尔干期望借助重建法人团体来调节社会冲突、推进政治改革、构建道德标准,以促进社会团结、维护社会稳定。他认为,法人团体作为一种“总体性社会组织”或“综合性组织”,兼具经济性、政治性、精神性和道德性,既是现代社会的政治基础,也是社会和道德重建的重要基础,进而能够重构社会团结,实现国家与社会的有机统一。当下的中国正处于社会加速转型期,持续的工业化、市场化、城市化等所带来的是阶层结构急剧变动、利益格局明显失衡、新型社会风险猛增,个体的原子化、碎片化、离散化特征愈发明显。那么,恰似19世纪的西方社会,如何改变这样一个失范的社会结构,实现社会转型的“软着陆”,构建起一个包容、团结、共享发展的泛利型社会,是当下我国社会体制改革和创新社会治理的核心议题。

群团改革是社会体制改革的重要组成部分,群团组织更是创新社会治理的主体性力量。而在当前中国现实语境下的群团组织,处于国家与其自己所代表的社会群体之间的中介位置,恰是涂尔干所阐释的法人团体中的一种理想类型。其虽与党和政府有着特殊的紧密关系,具有政治整合的意味,但同样具有一种总体性特征,甚至呈现出一种国家法团主义的意蕴。就妇联而言,其一方面在强制性制度引领下满足党和政府的期待,积极在民主参与、民主监督、参政议政以及政权巩固等方面发挥重要的政治功能,成为党和政府联系妇女群众的桥梁与纽带;另一方面,作为妇女群众利益的代言人,要代表和维护妇女权益、争取妇女利益,并协助政府部门处理妇女群众事务、促进妇女发展,以满足妇女群众的多元化、复杂化现实需求。因此,长期以来,妇联组织作为连接妇女群众与国家的重要桥梁,承担着党政代言人和妇女代言人的双重角色,其既要依赖党和政府获得合法的权威地位和相应的支持性资源，完成党政部门交予的行政性和管理性任务，也要充分发挥妇女群众的代表作用；在积极服务于妇女群众的同时，向上表达群众诉求，争取和维护妇女群众权益，有效发挥其社会性、服务性功能。妇联组织的双重角色身份，使其与一般民间妇女团体相比，更具有“半官半民”性特征。这种双重性似乎容易将妇联置于国家与社会大众的“拉扯”之中。实际上，作为组织化载体，妇联组织所具备的连接国家与个体、家庭、群体的功能是内在规定了的。根本之处在于，国家与社会之间的治理导向是否发生了变化。在以往以管理取向为主导的时代，国家成为一切事务的“总管家”，使得作为载体的群团组织也具有了某种行政化属性；而在向治理取向转变的新时代，国家治理本身也最终要聚焦于对实现人民美好生活的努力，这进一步引导着妇联组织在传递党政方针、理念和政策时具有了强烈的社会化导向。

（三）社会本位：妇联组织改革的组织逻辑

十八届三中全会以来，国家先后提出“创新社会治理体制”“激发社会组织活力”“构建共建共治共享的现代社会治理格局”等政策目标，这一系列在社会建设领域的重大创新改革实践，在推动我国社会治理体制与治理能力的现代化建设进程的同时，无疑表明，国家治理正逐步转向对社会、民生的关切与重视，回归社会为本；同时，提高保障和改善民生水平、加强和创新社会治理将成为新时代下实现人民对美好生活需要的重要推动力。

结合涂尔干的社会团结思想，依托其对于法人团体的“总体性”想象，当前社会的急剧转型、社会主要矛盾的转变，驱使着妇联组织改革与国家治理转向的协同性、契合性要更多地聚焦于对社会的关注，并以一种“总体性社会组织”的中间群体身份，通过组织化的形式将原子化、碎片化的个体与集体导向的国家建立联结，维持三者之间的平衡，维护社会稳定，实现对社会本位的有序回归。但需要注意的是，妇联改革是建立在现有体制格局基础上的一种结构调整与增量运作，而深度嵌入科层体制的群团组织，在改革中不免受到央地关系、条块关系等结构性难题的影响。那么，当妇联本身应该体现的“社会本位”行动逻辑，在现实中却被屡屡诟病为行政化、官本位、机关化、娱乐化时，这背后的运作机理是什么？这进而让我们追问中央群团改革目标能否真正实现。当然，我们可以看到，当前的全面深化改革、社会体制改革、社会治理创新以及共建共治共享格局等目标，在一定程度上彰显了国家治理与体制结构的社会性转向，这将为妇联组织朝向一种社会本位的改革提供支持力量。

因此，基于党中央所提出的群团改革精神，无论是政治性还是先进性，抑或是群众性特征，均显现了对群团组织的社会性功能发挥的要求，密切联系群众、一切从群众利益出发既是党和政府始终坚持的基本原则，也是一切行动的基本出发点。同时，妇联在组织属性、合法性、行动实践等方面存在突破多重改革困境的要求，加之当前创新社会治理的深层要求，使得妇联组织在坚持“社会本位”思想的基础上，将被赋予的政治权威与天然的社会属性相融合，借助自身的政治优势与内化的社会性职能，积极动员群众、组织群众，并以组织化的载体、社会化的服务模式充分发挥其在规范群众行为、反映群众诉求、维护群众权益等方面的特殊作用，进而创新群众工作体制机制和方法，以全面推进社会团结与和谐、稳定。具体而言，本研究的逻辑可用图 2 表示。

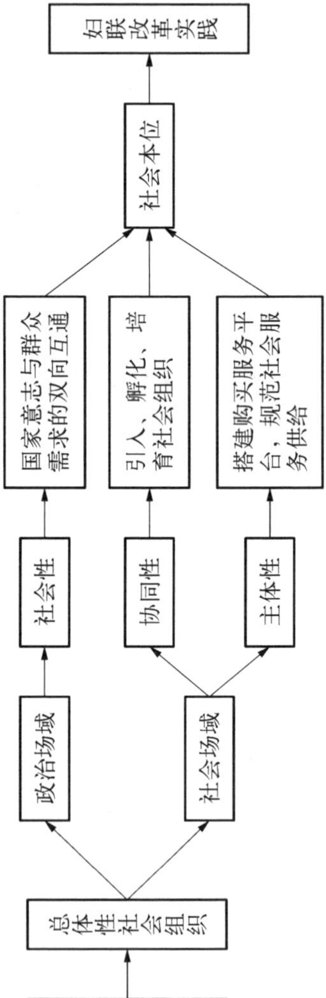

图2 “社会本位”视角下妇联改革实践分析框架图

如图2所示，笔者基于涂尔干社会团结思想中对法人团体的“总体性社会组织”的想象，从政治场域和社会场域两个横向维度对妇联改革实践加以剖析。其中，前者是一种国家意志与国家权威的象征，即妇联因其身份的特殊性而承担着相应的政治职能，但在具体改革实践中通过将国家意志与群众需求进行相互贯通与双向对接，回应社会需求，从而体现妇联的社会性特征，以有效发挥妇联的中间群体角色，实现国家与个体之间的有机联结。后者则是妇联内在本质性特征的一种体现，通过引入、孵化、培育社会组织，延伸妇联服务手臂，充分发挥其在吸引个体、构建团体、凝聚社会力量方面的组织化载体功能，实现原子化个体、零散化团体与国家间的有机联结，协同推进妇联组织的社会化职能建设。同时，妇联组织坚持自身的主体性与独立性，借助搭建购买社会服务项目的平台来开展创新性的社会服务，以汇聚社会服务力量、延伸工作手臂、提升社会治理能力，进一步实现其社会本位的核心要义。

三、案例背景与A区妇联改革的行动逻辑

（一）基本背景

基于妇联等人民团体的本质属性及其在创新社会治理中的重要角色，党中央在十八大以来不断强调要强化人民团体在社会建设中的职责与作用，提高社会治理现代化水平。2015年，党中央首次召开的群团工作会议，对党的群团工作和群团改革做出全面部署，强调要推动各群团组织结合自身实际，紧紧围绕增强“政治性、先进性、群众性”的要求，直面突出问题，采取有力措施，敢于攻坚克难，注重夯实群团工作基层基础。2016年9月，中共中央办公厅

印发《全国妇联改革方案》，要求在机构运行、干部选任管理、基层组织建设等方面进行改革。这从根本上体现了党中央对群团改革实践的高度重视，也表明了群团组织在创新社会治理、加强基层建设中所应发挥的功能与效用。

S市作为群团改革的先锋，于2014年年底出台的《关于进一步创新社会治理加强基层建设的意见》以及6个配套文件（简称"1+6"文件）中，突出强调要发挥工会、共青团、妇联等人民团体的枢纽作用，将联系服务社会群体纳入工作范围，切实发挥资源整合、服务管理作用，承担区域内社会组织发展的专业指导、调查研究、反映诉求、交流合作等职责，成为社会组织公益服务的资源整合载体、规范运行的督导评估载体、自身发展的能力提升载体。2015年11月，在中央全面深化改革领导小组第十八次会议上审议通过的《上海市群团改革试点方案》（以下简称《方案》），标志着群团组织改革在全国范围内正式展开。随后，S市召开群团工作会议，表示将在全国率先启动群团改革试点，助力全面深化改革。《方案》一方面明确提出要"推动群团工作的改革创新，使群团组织成为推进国家治理体系和治理能力现代化的重要力量"；另一方面突出组织设置、干部管理、运行机制和支持保障4个重点，在此基础上推出"1+3+X"群团改革模式。由此可见，全面积极推进群团改革、促进传统职能转变与工作方式创新、凝聚社会力量参与社会协同治理成为各级群团组织发展的重中之重。

对此，S市A区妇联按照党中央、市委和区委群团改革的有关精神，全面剖析新时期传统工作方式所面临的服务对象多元化、妇女群体多样化、服务需求复杂化等多重现实挑战，进一步突出增"三性"去"四化"的改革要求，围绕区域重点工作任务，开始全面搭建向社会力量购买服务项目的运作平台，以期借助项目化模式、专业化方法、社会化服务来积极探索妇联组织工作创新与转型发展的可行路径。事实上，A 区妇联早在 2014 年年初就开始搭建向社会力量购买公益服务项目的实践平台，尝试借助项目化运作来扩展其社会性功能。当时主要是由街道妇联推荐优秀的社会组织来承接各类与街道妇女儿童家庭需求密切相关的公益服务项目，以期深化“资源向基层下沉、力量向基层汇聚、服务在基层提供”的群团工作要求。2015 年，在党中央、市群团工作会议精神以及有关改革要求的影响下，结合既有购买服务实践经验，A 区妇联调整向社会力量购买服务的项目立项方式，即改变之前单方面由“街道推荐、区妇联出钱”的模式，转而由区妇联通过居民区走访调研，再结合各科室年度工作重点以及各街道居民现实需求，确立项目征集议题，进而开始公开向社会组织、企事业单位及大专院校等社会力量广泛征集与妇女儿童家庭密切相关的社会服务项目，以期扩展整个购买服务的覆盖面，提高供需对接匹配度及社会力量参与度。

（二）回归社会：A 区妇联改革创新的实践逻辑

作为一种特殊的群众组织，妇联是党和政府联系、服务广大群众的重要桥梁和纽带，其需要同时兼顾党政所需和妇女所需，既要自下而上地推动妇女群众利益需求的表达，也要注重党和政府意志自上而下的传达。然而，长期以来，在总体性社会[32]格局中，妇联组织行政化、社会属性明显弱化。因此，全面转变妇联传统的服务与工作方式，加强妇联社会化服务拓展，推动传统妇联工作与社会工作的结合，充分发挥其在满足群众需求、维护社会稳定、整合社会力量等方面的组织化、社会性功能，从而有效促进党政所需、妇女所急、妇联所能三者的有机契合，推动社会治理的创新升级，这具有高度的紧迫性、必要性及重要性。

为此，A 区妇联结合区域内妇女群众工作的发展现实，转变传统行政化、单向化的服务理念和方式，力图借助社会化、专业化的社会工作服务模式与方法来让广大社会群众和社会组织感知、理解党和政府的意志，并积极运用体制内外的各种服务资源实现对纷繁复杂的多元居民需求的满足，进而在持续加强妇联组织与社区居民联系的基础上，进一步推动社区居民和社会组织越来越多地参与社会服务与基层社会建设。经过近几年的探索，A 区妇联根据党中央所提出的“切实增强群团组织的政治性、先进性、群众性”的改革要求，依托“需求为本—专业为力—社会为核”的服务模式，在进一步建立健全向社会力量购买公益服务项目实践平台的同时，初步构建出一条策略性改革实践路线，以期在适应社会结构急速转型的基础上，增强自身联系社会、服务社会、凝聚社会的能力，逐步实现社会内在活力迸发和社会发展秩序稳定的协调并行。我们将此称为 A 区妇联改革实践的社会逻辑，具体可从以下三个方面来理解。

1. 双轨式需求探析：“走街串巷”与“两上两下”

“双轨政治”[33]是费孝通早年提出的概念，他认为政治体系不可能在一根从上向下的单轨上发展起来。在任何一套政治体系下，人民的意见都不可能被完全忽视。这就意味着必须存在某种从下向上的平行轨道。一个健全的、持久的政治体系必须是上通下达、来往自如的双轨形式。因此，妇联组织作为党和政府与广大群众之间的“连接器”，既要保证国家意志的下达，也要畅通基层意见的上传，以逐步构建起一种健康、有序、持续完善的“双轨政治”形态，实现党政与妇女群众之间自上而下与自下而上兼备的双向沟通格局。

对此，A区妇联无论是在既有服务工作中，还是在项目化运作实践中，均充分加强了对妇女群众利益需求的关注、收集与传达，具体通过以下三种方式。

一是"下社区"，即街区妇联干部不定期地走进各个基层社区，一方面借助民情调研、社区走访、社区座谈会等形式，进驻社区直面居民群众，加强妇联组织对弱势群体的物质关爱与人文关怀；另一方面，通过拉家常、茶话会等方式全面搜集、知悉基层群众的生活难点、对社区的关注点，进而切实将其融入贫困帮扶、公益服务购买、基层社区建设等议题中，提高供需匹配度。正如A区妇联领导所言：

> 我们主席团成员、各科室成员以及下面的街道妇代干部，都要下基层、下社区，走街串巷，深入居民，及时了解居民到底需要什么，这样我们才能相应地开展我们的工作。需求不是我们拍脑子想出来的，是通过观察和对话交流了解到的。（A区妇联主席L访谈记录）

二是"架平台"，即A区妇联结合社区居民各类群体所需，逐步架设了党政部门与广大妇女群众之间的对话平台。例如，为了促进女企业家联谊会成员参政议政，满足她们主动参与区域发展的要求，A区妇联先后开展了"共话A区灿烂明天""经典A区成就卓越女性"等女企业家与区政府领导的对话交流活动，共同探讨发展所急、参与所需，有效发挥妇联作为党和政府与居民群众之间的枢纽与连接器的作用。

三是"传民意"。一方面，A区妇联每年通过各妇委会、社会组织、基层妇联组织等征集一些区域内妇女群众所关心的热点、重点、难点问题，然后通过课题研究形式形成研究成果，报送市妇联及相关部门，同时组织成果评选，汇编成册，加以宣传，以及时汇集、剖析、反馈民情民意。另一方面，A区妇联还积极发挥自身所具备的政治协商、民主监督和参政议政的政治职能，充分利用这一国家公共平台反映区域内妇女群众的现实需求，以真正践行“妇女代言人”之本责。

值得一提的是，在向社会力量购买服务的过程中，作为委托方和购买方的A区妇联，尤其重视项目立项前的需求调研。妇联领导表示：

> 一般我们每年11月下旬开始向外公开征集项目，但关于征集的主题，我们很早就开始准备了，主要是结合各科室年度实际工作，通过问卷调查、走访、网上投票、座谈会的方式，收集辖区内妇女群众需求，汇总后商议出初步议题，然后通过街道妇联主席再去征求居委妇联及社区居民的意见。这样两上两下，就形成了我们每年的项目征集主题，而社会组织可以进一步扎根社区，再对街道、居委会以及居民进行更充分的调研。（A区妇联副主席F访谈记录）

这样的做法既拉近了妇联组织与群众之间的距离，使群众感受到组织关怀，同时也充分抓住了居民和社区的“痛点”，有利于实现供需有机对接、服务有效实施、群众高度认可的预期目标。

2. “娘家”式组织拓展：“引进来”与“益起来”

随着市场化体制改革的深入、社会结构分化的加速、政府传统职能的转移，强国家推动下的社会转型为社会组织的发展提供了制度结构和社会基础，使其在蓬勃发展的同时，对社会服务供给、国家社会关系构建等产生重要影响。[34][35][36] 与此同时，随着社会需求的多元化、妇女群体的日益分化，单靠妇联自身力量难以实现各类妇女需求的满足和权益的保障，而各类社会组织尤其是女性社会组织的发展壮大，则为此提供了有力的支持。社会组织作为社会力量的发展主体，既能够以规范化、专业化、高效化的社会工作方法满足复杂需求，也日趋成为各类妇女群众以组织化形式推进自我服务与利益需求表达的重要载体，较大限度地丰富并扩展了公共服务的供给主体，推进治理主体多元化发展。

近年来，A 区妇联在积极引入辖区内外优秀社会组织、企事业单位的同时，不断加强对区域内各类女性社会组织的孵化、培育与支持，积极发挥妇联在服务资源供给与链接、妇女社区关系网络重建等方面的枢纽作用，从而逐步推进妇联与社会组织之间良性合作伙伴关系的有序发展，并成为社会组织发展的坚实后盾抑或“娘家人”。一方面是“资源下沉”。A 区妇联借助自身的资源优势，积极为区域内的社会组织尤其是女性社会组织的创立、发展提供相应的资源支持，包括组织资源、资金支持、服务平台等。例如，通过项目合作的方式对 A 文化交流中心的女性心理剧的演出、B 公益发展中心的“子路厨房”项目及其旗下的都市原点剧社的话剧演出等提供资金支持；通过“美丽空间”在女性社会组织之间架设互动交流的桥梁，促进互助合作；通过推荐女性社会组织领袖或骨干担任政协委员和妇女代表等职务，提高社会组织的话语权等。这些支持既为起步阶段的社会组织提供了生存基础，同时也增强了社会成员的自我组织化意识，进一步扩展了妇联社会服务的覆盖面。另一方面是提供“专业指导”。对于尚处于初期发展阶段的社会组织，为促进其规范化、有序化、专业化建设，A 区妇联积极开展相应的人才培训活动，如每年举办“经典女性人才”培训班、专题座谈会等，对女性社会组织带头人进行政策知识、市情民情、组织管理等方面的专业培训，促进不同组织间的经验交流与互助学习，提升组织发展能力，进而为更多女性群体提供多元、丰富的社会服务。对此，S 机构项目负责人坦言：

近几年，得益于 A 区妇联的培育与支持，以项目合作的形式，我们承接了多个家庭教育、女性支持方面的服务项目。现在，我们机构运作日趋稳定、完善，而且借助自身专业优势，所取得的服务成效日渐显现。（S 机构项目负责人 Z 访谈记录）

经过几年的持续推进，汇聚在 A 区妇联周围的女性社会组织已达 200 余个，逐步形成了以 A 区妇女儿童促进会为中心平台、以直管的女性社会组织为工作枢纽、以引入女性社会组织为工作特色、以街道女性社会组织为工作基础的组织架构。同时，通过与社会组织所建立的良性伙伴关系，妇联有效地拓展了服务领域，促进工作手臂向外延展。在持续发展的过程中，这些组织逐步实现了从形式性走向实质性、从自娱性走向专业性、从联谊性走向公益性的转变，整个辖区范围内逐步形成了“人人为公益、公益为人人”的社会氛围；而且这些组织日趋成为 A 区妇联联系群众、动员群众、服务群众的重要载体和支持力量，从而较好地实现了妇联职能的转变与工作方式的创新，发挥了妇联组织凝聚社会力量协同参与社会治理的主体作用。

3. 专业化服务模式：“取经打磨”与“有规有样”

在社会转型时期，原有组织化机制解体后并未形成新的组织化机制，因而整个社会形态呈现出人际关系冷漠化、社会纽带松散化、个人与公共之间疏离化等特征[37][38]，这种非组织化情形则直接体现了我国社会转型过程中的分化现实。根据波兰尼的观点，人类具有塑造道德共同体的能力，可以将社会改造成共同体，以构建出一种伦理共同体[39]。从这个意义上讲，人类社会存在和发展的目标是形成互惠、互助的共同体，而这种共同体的实现，需要一系列组织化机制和策略的推进。基于涂尔干对法人团体的一种“总体性社会组织”的想象，妇联组织作为当下中国社会发展语境下的组织化载体，抑或介于国家与个人之间的中间阶层，其需借助自身所具备的内在优势与资源，突出组织化和社会化的服务功能，在国家与个人之间建立起纽带与桥梁，促进整个社会的共同体建设。

在具体实践中，A 区妇联结合党的群团改革精神要求，找准增强政治性、先进性、群众性的核心要义，突出强化“社会性”这一本质属性，注重社会化工作理念和开拓社会化工作方法。自 2014 年起，A 区妇联积极引入专业的社会组织，培育新生社会组织，并不断争取市妇联和各类社会力量的资金支持，持续培育品牌性服务项目，逐步扩展项目的覆盖范围及社会影响力。几年来，A 区妇联先后直接立项资助 60 余个专业化服务项目，资助品牌项目近 10 个，投入经费超过 500 万元；同时，逐步形成了一套科学、合理、专业、规范的项目化运作机制，如图 3 所示。

具体而言，在项目化运作初期，A 区妇联领导班子专程前往 B 区妇联学习考察购买服务的实践经验，并举办了以探索妇联服务项目化运作为主题的学习培训班，邀请社会服务领域专家进行政策解读，促使妇联干部能够从实践和理论两方面了解向社会力量购买服务的初衷、程序、要求及可行方案，以确保后续购买服务的精准性、成效性。在购买初期，A 区妇联初步制定出《向社会力量购买服务项目意见》《征集公益服务项目通知》《项目化运作专项

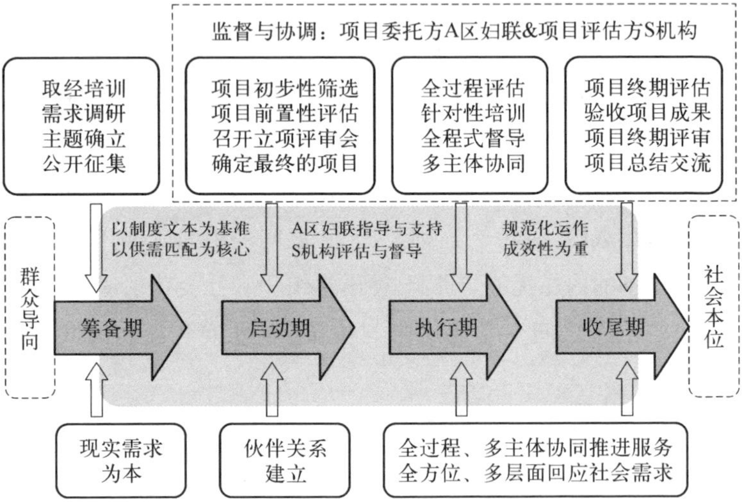

图3　A区妇联向社会力量购买社会服务项目运作机制图①

资金经费管理办法》《项目实施工作指南》等一系列制度文本，并委托第三方评估机构为项目实施与监管提供专业化咨询与指导，以提升项目购买与实施管理过程的科学性、规范性、专业性。正如评估方项目负责人所阐述的那样：

A区妇联对我们所开展项目的全过程监管评估模式很是认可与支持，这样既能够实现对项目从立项到结项的全程指导与支持，也能够发挥评估咨询的规范性、针对性与有效性，真正达到“以评促建”的目标，推进服务项目及其承接组织的持续发展。（S评估机构项目负责人X访谈记录）

在对各个服务项目进行监管的过程中，A区妇联主席团及科

① 基于笔者所参与项目评估过程的实际而制作。

室成员定期参与项目活动，了解项目实施情况及所遇问题，对其及时予以支持与协调，推动项目承接组织在社区顺利落地并有序开展专业服务；同时，在项目中、末期阶段，通过评审会的形式，形成由“高校专家+实务专家+第三方评估机构+区妇联+街道妇联”组成的评审团队，切实为各项目的实施与发展提供专业性指导意见，有效推进购买服务的现实效益。经过几年购买服务项目的实践，项目化运作成效初显。一方面，提供社会服务的行动主体更加多样化，形成了一种多主体协同参与妇女群众服务的互动合作格局；另一方面，服务形式与内容呈现出个性化、多元化、专业化的特征，既满足不同群体的特殊需求，也吸引大量居民直接参与社区建设，在一定程度上缓解了潜在的社会问题，共筑社区共同体。正如 L 主席所切身感受的那样：

> 就拿 Y 机构承接的失独项目来讲，几年下来，从刚开始社工敲开门，进行心理疏导，到老人走出来、参与我们社区活动，再到老人间相互取暖、形成兴趣小组，到最后他们共同设立了储蓄罐，认领资助社区暖心项目，这一过程让我们看到了最为真切的改变，这就是最明显的成效，这就是我们希望通过购买服务看到的。（A 区妇联主席 L 访谈记录）

同时，承接妇联项目的 Y 机构负责人也表达了与 A 区妇联合作过程中的良好互动体验：

> 在承接妇联项目过程中，供需双方有了更多的沟通、协商，我们的话语权在上升。而且从立项到结项，妇联更多是在给我们支持和协助，而不是管控，是真的“专业的事让专业的人来做”。所以，我们服务做得越来越扎实，成效越来越显著，实现的是一种互惠双赢，这才是项目的社会化运作。（Y 机构

项目负责人Q访谈记录)

总之,结合群团改革精神和区域内基层治理的现实情况,A区妇联通过搭建向社会力量购买服务项目平台,转变传统工作理念与模式,积极引入社会力量,借助项目化、专业化、社会化的社会工作服务模式,与包括社会组织在内的多重社会力量建构起平等合作的伙伴关系,从而在较大程度上推动了自身探索性的改革实践,在积极回应政治性、先进性、群众性特征的同时,实现了社会性这一本质属性的逐步回归,从而真正体现了其在推进国家治理体系和治理能力现代化方面的重要作用。

四、迈向社会本位:地方妇联改革实践的深层机制探析

改革开放以来,在国家的强制性制度推动下,社会转型加速,社会结构分化,政府传统职能转移,各主体利益诉求趋向多元化,形成了一种从政治体系与社会体系高度一体化的“总体性社会”[32]向社会阶层多样化、社会主体多元化的“主体性社会”转变的趋势,整个社会逐步呈现出多元互动性、整体有机性以及自组织性的特征[40]。妇联作为广大妇女群众的自治组织,从根本上切实转变其原有的对政治体系的高度依附性,加强自我治理能力,积极发挥并拓展所具备的社会动员与组织能力,不断强化社会性的本质特征,是当前深化群团组织改革,增强政治性、先进性、群众性特征的核心要义。然而,由于长期以来所形成的机关化、行政化、官僚化特性,妇联组织在面对新形势下党的群团改革要求时,不论是国家政治性与民间社会性之间的张力,还是政治合法性与社会合法性之间的矛盾,抑或是行政压力与社会权责之间的冲突,都不能

顺利推进改革进程。

S 市 A 区妇联作为地方妇联的代表，面对从中央到地方的群团改革要求和可能存在的多重现实困境，积极探索自身改革的策略性实践，重新理顺自身在政治场域和社会场域的角色身份，在精准掌握群众诉求、汇聚多元社会力量、延伸传统服务领域、有效回应社会痛点、创新基层治理等方面成效显著，社区影响力明显提升。究其改革背后的深层实践机制，本研究尝试从社会性、协同性、主体性三个层面加以阐述。

（一）社会性：作为一种内在的组织属性

长期以来，在中国特殊的政治背景与历史现实下，妇联组织较多地作为一种党政附属机构而存在，呈现出一种“准政府”或“官民二重性”的特质，滋生了妇联组织内部机关化、官僚化的工作风气，严重影响其自身基本职能的有效发挥，难以满足党政与群众的双向所需。对此，党的群团改革工作会议上所提出的“增强群团组织的政治性、先进性和群众性特征”，则为当下群团组织指明了改革发展的方向。

结合群团改革精神和《中华全国妇女联合会章程》中对妇联的明确界定，可以从三个层面理解妇联的组织属性。首先，作为国家政权的重要支柱，政治性是妇联的基本属性，妇联始终要把自己置于党的领导之下，坚决贯彻党的意志和主张，并积极发挥组织、参政议政、政府助手、民主监督、教育等独特功能[41][42]。但需明确的是，政治场域内的妇联并非意指国家政权组织，而是通过联系和服务妇女群众来支持党政工作和国家政权建设，双向联动，全面增进与群众的联系，积极带领更多妇女群众参与社会建设。其次，妇联是广大妇女群众联合起来的特殊的群众组织，究其本源，乃属于

"社会",即社会性为妇联组织的本质属性,应借助组织化载体将原子化、碎片化、离散化的个体整合起来,并通过社会化服务推动社区共同体建设,维持社会健康、有序发展。最后,妇联作为党和政府与妇女群体之间的桥梁和纽带,要充分发挥自身对上、对下的连接作用,积极践行其作为枢纽型社会组织的功能属性,实现党和政府意志的顺利下达和基层民情民意的及时上传,以构建良性社会秩序结构。因此,具体到A区妇联改革实践,其在整个改革实践过程中,从政治场域与社会场域两个维度出发,以"社会本位"为核心,无论是群众导向下全方位把握妇女群众的现实痛点、推进"双轨政治"格局有序运作,还是引入并培育社会力量参与基层社会治理,以社会化方式拓宽其公共服务范围,抑或是以项目化、专业化服务模式有效回应社会现实需求,重塑妇联社会影响力,均充分体现了妇联所理应具备的社会性本质,重新回归社会成为时代之必然。

（二）协同性:作为一种组织载体的行动逻辑

从历史发展脉络来看,妇联与中国共产党有着天然且密不可分的关系。处于党政架构之下的妇联隶属党群系统,承担着包括基本工作职能、组织管理职能以及政府转移的行政职能等多方面的行政化、组织化工作,再加上国家通过身份认定和行政管理的形式予以其公开化的政治合法性,使得妇联组织更多地呈现出一种明显的强行政性、弱社会性特征。因此,面对国家层面所提出的群团改革要求,充分发挥妇联组织在创新社会治理、加强基层建设中的重要效用,全面推进国家治理体系和治理能力现代化就至关重要。

随着社会的加速转型,加快政府职能转移、强化政社分工与合作，促使以政府为唯一主体的政治管理逐步转向以多主体共同参与为特征的协同治理[43][44][45]，从而形成一种"政府的归政府、社会的归社会、市场的归市场"的多元共治模式。这种多主体协同参与式治理模式为妇联组织参与基层共治、回归社会提供了可行路径。因此，在具体实践过程中，A区妇联积极引入并培育包括社会团体、社会组织、企事业单位等在内的多元社会力量，且其自身以一种政府的协同者身份与各类社会力量共同参与社区建设，从而以组织化形式将个体有机整合起来，推动社区共同体建设。与此同时，A区妇联积极构建购买社会服务项目的平台，借助项目化、专业化服务形式来进一步满足复杂需求、拓宽服务范围、重塑社会影响。由此，A区妇联借助这种双向伙伴式、协同性的行动机制（与党政协同、与社会力量协同），在促使自身转向社会属性、发挥社会性功能的同时，逐步呈现一种强社会、弱行政的新型特征，真正实现了党政所需、妇女所急、妇联所能三者的有机结合。

（三）主体性：作为一种治理结构的有机构成

以政治整合替代社会整合的"总体性社会"是一种结构分化程度很低、国家对经济及各种社会资源实行全面掌控的社会形态，在使国家快速走上经济发展之路的同时，也造成了强国家、弱社会之下的种种弊端。[46]"总体性社会"背景下的妇联组织恰似一种传统的单位形态，国家期望通过群团组织加强对离散化个体、家庭的整合。但是，由于社会空间狭小、社会自组织能力较弱，妇联仍较多地承担着准政府的行政职能，与妇女群众的联系相对有限。然而，随着社会转型加速、社会结构分化、社会分层加剧，主体性社会成为新的发展趋向。由此，党政及妇女群众对妇联组织有了新的期待与要求，那么，如何在新的历史时期借助自身的角色地位实现国家与个体及家庭之间的有效连接,乃是妇联改革的核心问题。

基于涂尔干"社会团结"思想中对法人团体定位的思考,妇联组织应作为国家与个体之间的一种中间阶层而存在。为此,妇联应增强其自身的自组织能力,借助组织化形式实现对原子化的个体及家庭的吸纳与整合,积极畅通自上而下和自下而上的双向沟通协调机制,从而缓解国家与个体之间的潜在矛盾,促进两者之间的有机联系,推动传统的国家—社会二元结构向国家—中间阶层(妇联)—个体三重结构的发展与转变,促使整个社会的良性、有序运作。从A区妇联的地方性改革实践来看,其在强制性制度变迁下逐步探索出了一种本土化的策略性行动机制,借助向社会力量购买社会服务项目平台的搭建,以群众导向为核心,瞄准社会痛点、难点,在积极发挥政治"连接器"功能、构建"双轨政治"格局的同时,突出自身的社会性本质功能,积极汇聚来自各方的多重社会力量参与到项目化、专业化服务实践中,以社会化服务理念与方式实现对各类妇女群体的吸纳、整合、凝聚,真正构建起一种强社会下多主体协同参与社会治理的主体性社会格局。

五、结论与讨论

面对妇联等群团组织的现实及多重改革实践困境,《中共中央关于加强和改进党的群团工作的意见》强调要加强群团组织的政治性、先进性、群众性。十九大报告中进一步提出要增强群众工作本领、创新群众工作体制机制与方式方法,根本上体现了中央层面对妇联组织应更加朝向民生、关注人民美好生活的要求。这使得妇联组织的改革与国家治理的逻辑深度契合,因此应强化其对社会、民生的重视，推进其回归其社会属性，进而推动妇联改革实践逻辑发生根本性转变。本研究通过S市A区妇联所推行的改革实践，基于社会团结思想，从政治场域和社会场域两个维度构建了社会本位的分析框架，揭示了A区妇联改革实践的行动逻辑和实践策略，进而解释了以社会本位为核心的改革是如何推动妇联转型的，以及这种模式的深层影响机制。

在社会本位分析框架下，笔者发现妇联组织改革实践遵循着一种回归社会、重建社会的内在逻辑，这种逻辑与涂尔干的社会团结思想内在相通。这种社会性改革逻辑涵盖了政治权威和社会化功能两个维度，既保证了妇联组织政治性特征的增强和政治功能的落地，也从根本上进一步强化了妇联组织的社会属性，即借助组织化载体将原子化、碎片化、离散化的个体整合起来，并通过社会化服务来密切联系群众、发现并满足群众需求、维护群众权益、整合群众力量，推动社区共同体建设和共建共治共享格局的形成。在整个改革行动中，A区妇联始终以政治性为基本属性、以社会性为本质属性，一方面建立双轨式需求整合与沟通模式，将党政意志与群众需求有机对接，以中间阶层的身份搭建起个体与国家的内在联系，促进社会团结；另一方面，扩展组织载体，延伸服务手臂，以组织化的形式引入、孵化各类妇女群体，以凝聚多元社会力量共同推进服务型社会治理。在此基础上，A区妇联搭建向社会力量购买服务的平台，进一步优化项目制实践，通过开展规范化、专业化、社会化的服务项目来协同多元主体、直击社会痛点、回归社会本位，全面推动社会团结与共同体建设，实现社会治理的创新发展。

但是，需要指出的是，由于妇联等群团组织长期处于科层制的行政体制之中,且与党有着特殊的领导与被领导关系,因本身置身于中国共产党从革命到建设的历史脉络中而形成了独特的组织逻辑[47],要想真正实现妇联在改革实践中回归“社会本位”的目标,单靠转变妇联自身的行动逻辑仍属有限。这表明,涂尔干那种试图通过重塑实体化的道德社会来实现对现代化进程中所出现的社会失范进行回应的方式,似乎在中国是行不通的。实际上,由于独特的中央—地方关系,以及同一层级的不同条块之间关系的低整合度,地方妇联难以真正实现涂尔干式的社会团结,而更多的是有限的社会团结或社会本位。这从另一个面向体现了涂尔干思想需要与中国当前的中央—地方治理体制、中国人的文化逻辑等特殊要素相结合。尽管近年来全面深化改革持续深入,但体制改革、社会结构调整并非短期内即可实现,那么在妇联进行转向社会性的改革的同时,国家层面、地方层面等仍需要进一步深化对传统的体制结构、国家与社会关系、条块关系等的持续调整与优化,从而为妇联改革提供良好的体制和制度环境,以实现其对社会属性的回归。否则,妇联改革所达至的状态可能仅仅是一种“有限的”社会本位,抑或只是“披着改革的新外衣”。

从研究层面来讲,本研究所提出的社会本位分析框架为探寻群团组织改革新型实践机制提供了一个新的视角。通过回溯涂尔干社会团结思想的意涵,进一步明晰妇联的组织属性,深入剖析妇联改革的行动逻辑与实践策略,建构起一种以社会本位为核心的改革实践机制,这对于理解妇联这类群团组织的根本属性、治理逻辑均具有较大的参考价值。但是,由于本研究更多地倾向于从妇联组织的角度阐释地方群团改革的制度运作与实践逻辑,而群团组织改革是一项涉及多主体、多层面的系统性工程,对于群团改革实践机制的探索需要多个主体的共商、共建、共治，因而，对于群团改革这一问题仍需进一步深入探究。

总体而言，本研究所提出的理论分析框架及案例探析弥补了妇联组织属性和群团改革实践的研究缺陷，拓展了涂尔干社会团结思想在我国群团组织改革中的运用，也为后续相关研究提供了理论借鉴。需要指出的是，虽然法人团体、社会团结思想是涂尔干针对西方社会工业化、现代化进程所提出的核心命题，但是这一命题恰是当下中国社会转型所正在面对的。因此，其理论对于我们分析当下全面深化改革以及中央群团改革等重要议题具有较强的恰适性；同时，涂尔干的法人团体思想、社会团结思想带有较强的道德色彩和宗教色彩，可能是我们未来研究需要进一步规避和超越的。另外，S 市 A 区妇联的改革实践为其他地区群团组织改革提供了参考模式，有助于进一步明确群团的组织属性及其在改革过程中行动实践的基本策略，从而使群团组织在新时代全面推进共建共治共享发展格局中更好地发挥作用。

参考文献

[1] 马焱.妇联组织职能定位及其功能的演变轨迹：基于对全国妇联一届至十届章程的分析[J].妇女研究论丛,2009(5)：38－47.

[2] TAYLOR B, LI Q. Is the ACFTU a union and does it matter? [J]. Journal of Industrial Relations, 2007,49(5)：701－715.

[3] 徐家良.制度、影响力与博弈：全国妇联与公共政策制定[M].北京：中国社会出版社,2003.

[4] 刘威.超越官与民：慈善事业转型与组织生态重构[J].中州学刊,2015(9)：67－72.

[5] 胡献忠.改革开放以来群团组织研究述评[J].中共云南省委党校学报,2015,16(5)：144－150.

[6] 康晓强.论习近平的群团观[J].社会主义研究,2017(1):20-26.
[7] 毛丹,陈佳俊.制度、行动者与行动选择:L市妇联改革观察[J].社会学研究,2017,32(5):114-139,244-245.
[8] 李璐.分类负责模式:社会组织管理体制的创新探索:以北京市"枢纽型"社会组织管理为例[J].北京社会科学,2012(3):47-51.
[9] 陈伟杰.层级嵌入与社会工作的专业性:以A市妇联专业社会工作服务试点为例[J].妇女研究论丛,2016(5):5-16.
[10] 姜秀花.进一步发挥妇联组织在妇女脱贫攻坚中的重要作用[J].妇女研究论丛,2016(6):16-18.
[11] 徐中振.社会治理新格局下妇联改革发展新战略[N].中国妇女报,2017-04-05(B03).
[12] 彭恒军.社会治理主体建设与群团组织的改革与创新:解读中共中央《关于加强和改进党的群团工作的意见》[J].工会理论研究(上海工会管理职业学院学报),2015(6):4-8.
[13] 陈丽琴.乡镇妇联改革的挑战与对策研究:基于对H省乡镇妇联主席的访谈[J].领导科学,2017(20):29-32.
[14] 肖扬.对妇联组织变革动因及其途径的探讨[J].妇女研究论丛,2004(4):39-45.
[15] 刘安.市民社会?法团主义:海外中国学关于改革后中国国家与社会关系研究述评[J].文史哲,2009(5):162-168.
[16] 陈家建.法团主义与当代中国社会[J].社会学研究,2010,25(2):30-43,243.
[17] 范明林.非政府组织与政府的互动关系:基于法团主义和市民社会视角的比较个案研究[J].社会学研究,2010,25(3):159-176,245.
[18] 吴建平.理解法团主义:兼论其在中国国家与社会关系研究中的适用性[J].社会学研究,2012,27(1):174-198,245-246.
[19] 乔尔·S.米格代尔.社会中的国家:国家与社会如何相互改变与相互构成[M].李杨,郭一聪,译.南京:江苏人民出版社,2013.
[20] 徐选国.嵌入性治理:城市社区治理机制创新的一个分析框架:基于对国家—社会关系范式的批判性反思[J].社会工作,2015(5):55-64,126.

[21] 侯利文.社会中的国家：迈向国家与社会的综合性范式：评乔尔·S.米格代尔《社会中的国家：国家与社会如何相互改变与相互构成》[J].社会学评论,2016,4(6)：68－75.

[22] 康晓光,韩恒.行政吸纳社会：当前中国大陆国家与社会关系再研究[J].中国社会科学(英文版),2007(2)：116－128.

[23] 江华,张建民,周莹.利益契合：转型期中国国家与社会关系的一个分析框架：以行业组织政策参与为案例[J].社会学研究,2011,26(3)：136－152,245.

[24] 刘鹏,孙燕茹.走向嵌入型监管：当代中国政府社会组织管理体制的新观察[J].经济社会体制比较,2011(4)：118－128.

[25] 张紧跟.参与式治理：地方政府治理体系创新的趋向[J].中国人民大学学报,2014,28(6)：113－123.

[26] 张康之.合作治理是社会治理变革的归宿[J].社会科学研究,2012(3)：35－42.

[27] 汪锦军.合作治理的构建：政府与社会良性互动的生成机制[J].政治学研究,2015(4)：98－105.

[28] 埃米尔·涂尔干.社会分工论[M].渠东,译.北京：生活·读书·新知三联书店,2000.

[29] 渠敬东.涂尔干：社会与国家[M].北京：商务印书馆,2014.

[30] 王庆明.社会团结的转型与基础秩序的重建：基于对涂尔干“社会团结”的解读[J].福建论坛(人文社会科学版),2010(3)：146－151.

[31] 肖瑛.法人团体：一种“总体的社会组织”的想象：涂尔干的社会团结思想研究[J].社会,2008(2)：39－76,221.

[32] 孙立平,王汉生,王思斌,等.改革以来中国社会结构的变迁[J].中国社会科学,1994(2)：47－62.

[33] 费孝通.乡土中国[M].上海：上海人民出版社,2006.

[34] 郑杭生.社会建设和社会管理研究与中国社会学使命[J].社会学研究,2011,26(4)：12－21,242.

[35] 文军.中国社会组织发展的角色困境及其出路[J].江苏行政学院学报,2012(1)：57－61,67.

[36] 纪莺莺.当代中国的社会组织：理论视角与经验研究[J].社会学研究,

2013,28(5):219-241,246.

[37] 田毅鹏.转型期中国社会原子化动向及其对社会工作的挑战[J].社会科学,2009(7):71-75,189.

[38] 徐选国.中国社会工作发展的社会性转向[J].社会工作,2017(3):9-28,108-109.

[39] 加雷斯·戴尔,卡尔·波兰尼.市场的限度[M].焦兵,译.北京:中国社会科学出版社,2016.

[40] 刘京希.社会本位:新型党社关系建构的逻辑前提[J].理论探讨,2017(1):110-116.

[41] 刘莉.妇联组织参与社会管理和公共服务的新思考[J].妇女研究论丛,2008(6):5-10.

[42] 梁丽萍.当代中国政治社团发展状况研究[J].当代世界与社会主义,2009(2):138-142.

[43] 郁建兴,任泽涛.当代中国社会建设中的协同治理:一个分析框架[J].学术月刊,2012,44(8):23-31.

[44] 何增科.国家和社会的协同治理:以地方政府创新为视角[J].经济社会体制比较,2013(5):109-116.

[45] 朱晓红.协同共治格局下妇联枢纽型社会组织参与社区服务研究:以广东D市H家庭服务中心为例[J].社会工作与管理,2016,16(1):55-60.

[46] 孙立平.应对复杂化社会不能强化权力[J].当代社科视野,2011(10):49-50.

[47] 郭圣莉,杨黎婧,金明.底层妇女的命运:当代中国的妇女解放运动及其限度[J].华东理工大学学报(社会科学版),2008(2):1-6.

新社会组织：内涵、特征以及发展原则[①]

徐永祥　侯利文　徐选国

党的十八届三中全会通过的《中共中央关于全面深化改革若干重大问题的决定》指出，要创新社会治理体制，激发社会组织活力。“正确处理政府和社会关系，加快实施政社分开，推进社会组织明确权责、依法自治、发挥作用。”“重点培育和优先发展行业协会商会类、科技类、公益慈善类、城乡社区服务类社会组织，成立时直接依法申请登记。”为此，社会组织的健康发展与管理体制改革，将成为创新社会治理体制的重点。

党的十八届三中全会在执政理念上呈现了从“管理”到“治理”的重大转变，社会体制的改革在其中尤为关键。而社会体制改革又涉及多类主体的改革与参与，其中社会组织体制改革是基础，居于核心地位。然而，社会组织作为改革开放以后在我国学术界和社会领域兴起的概念，其学术定义和内涵外延呈现出多样性的特点，迄今尚未形成普遍认同和共识，学者们在使用这一概念时也存在较大的随意性和任意性。在全面深入推进国家治理现代化的

---

① 本文曾发表于《学习与实践》2015 年第 7 期，此次收录略有修改。

历史进程中,对社会组织这一概念基本认知的分歧和随意性可能成为推进社会治理改革的思想困境,从而造成全面推进社会体制改革实践面临路径选择和实施方案上的分歧或阻碍。

因此,从社会组织得以形成的历史脉络和现实图景出发,科学解析社会组织的内涵与外延,以及基于现时的国情、政情、社情,科学界定新社会组织的内涵、特征以及未来发展,对于我们切实把思想认识统一到全面深化改革的总目标上来,在加快形成政社分开、权责明确、依法自治的现代社会组织体制的基本范畴上达成共识,推进改革开放事业的发展,确保社会既充满活力又和谐有序,均具有重要的认识意义。

一、新社会组织内涵廓定

新社会组织是随着社会转型的推进以及治理环境的优化而从社会组织中剥离出来并成长起来的。因此,我们对新社会组织的研究要在社会组织产生的历史长河中"重新扎根"(re-root),在此基础上提出新社会组织的"发生学",以此来理解新社会组织的提出、内涵性质与功能定位。

(一)背景场域:社会的转型与体制的转轨

社会的转型和体制的转轨以及改革的不断深入,使得国家与市场、国家与社会的关系发生了深刻的变化和调整。这是我们理解转型期社会组织发展的基本背景场域。也就是说,社会组织的出现是改革开放与社会转型的必然。

改革开放以前的社会实际上是一种"总体性社会"。其主要特点就在于国家通过城市社会单位化和农村社会公社化的制度安排，实现对社会资源控制权与配置权的垄断，个人被单位制度、户籍制度和身份制度等一系列刚性的地位分割制度所限制，活动空间有限。因此，非政府组织，尤其是所谓的社会组织没有任何生存、发展的空间与环境。

1978年以后，中国相继进行了经济体制改革、政治体制改革和社会改革，开启了“前所未有的大变局”。其一，市场作为独立于国家之外的第二域逐渐发育，社会主义市场经济得到了迅速发展，市场经济体制基本建立，并取代计划经济体制成为国家经济领域的主旋律。其二，社会作为独立于国家之外的第三域也获得了自主发展的空间，政府机构精简和职能转变在探索中不断前行。其三，随着市场的规范化以及社会的独立化，社会场域中的各种主体与成分逐渐发育、成长，客观上社会组织获得了发展的机遇和空间。

经过30多年的改革，一个相对而言较丰富、自由和开放的结社生态系统逐渐形成，社会组织作为其主要的制度形式也渐趋规范，社会组织在推动个人参与、实现社会价值、拓展公共领域等方面扮演着重要的角色，并且成为中国社会转型与治理创新不可忽视的建设性力量。

（二）概念辨析：趋同性的认识与差异化的所指

随着实践层面社会组织的发展，学术界也展开了对于社会组织的多学科研究。无论是学术界的研究还是政界的文件，经常使用或交叉使用的概念大致涉及非政府组织、非营利组织、民间组织、第三部门组织等。一般来说，这些不同称谓并无实质上的不同，但如果从严格的语义上来讲，它们彼此之间还是存在不可不察的差别。因此，在认识和理解我们提出的新社会组织这一概念时，必须对与之相关的一些概念进行严格的辨析，以明其意。[1]

第一是非政府组织。非政府组织主要是相对于政府组织而言的,旨在强调社会组织的非官方性,表明社会组织不属于政府组织范畴。但正如俞可平所言,现实中人们对这一概念的使用存在两大误区。一是认为只有那些重要的、经过有关部门正式批准和登记的组织,才属于社会组织。而大量存在于社会中的非正式组织就会被人们排除在非政府组织的范畴之外,不把它们作为社会组织体系的重要组成部分加以对待。二是把非政府组织的非政府性极端地理解成与政府没有任何关系,甚至是与政府相对立的,这就不利于健康的政社关系的建立。[1]

第二是非营利组织。非营利组织的概念主要是相对于企业(市场)组织而言的,旨在强调社会组织与企业和公司等市场组织的不同,它是不以"市场理性"为行动逻辑的。但现实中它容易模糊社会组织为了自身的生存所从事的必要的有偿服务与营利性活动之间的界限,造成人们对非营利组织公信力的误读,影响人们对于从事非营利组织工作的积极性,进一步造成了人们对其非营利性的责难和公信力的拷问。因此,非营利组织的发展面临"被困慈善"[2]的命运,而解决这一问题的关键在于人们对于"非营利"的定义以及对标准的界定。

第三是民间组织。民间组织也是相对于自上而下的政府组织而言的,重点强调其组织的民间性以及自下而上的形成路径,表明社会组织的形成动力来源于民间社会。然而,由于民间组织产生于民间,没有政府"自上而下"的授权,也就是说不具备"合法律性",其作为独立法人主体的地位存在问题,因此其在社会中的认受性、认可度存在严重不足,其发展也常常受阻。

第四是中介组织。中介组织主要是从组织所处的地位以及所起作用的角度来说的，旨在强调其作为连接资源、信息的“桥梁”的地位和作用，而对于它以什么样的性质来实现这一功能没有做出清晰的界定。因此，现实中的中介组织大多以营利性的行动逻辑来开展活动，如律师事务所、会计师事务所、房产中介等，它们与其说属于社会组织，不如说属于市场组织。在我国加快建立社会主义市场经济体系的过程中，此类组织会随着服务行业的发展而不断增多，在经济生活中扮演重要角色，但与社会组织完全不同。

第五是群众团体或人民团体。此类概念主要是对应于中国政治体制而言的，是现存体制下特定的政治范畴，其形式主要涵括中国共产党领导下的工会、青年团和妇联，以及其他少数特殊团体，如中国科技协会、残疾人联合会等。[1]其典型特征是具有很强的政治和行政色彩，有相应的行政级别，人员由国家给予正式的编制，并且具有一定的行政管理与服务职能。就其在社会中的地位及所发挥的功能来看，它们更像政府组织而不是非政府组织，与社会组织的概念的本质相差很远，但基于中国的国情我们在多数情况下还是把它们归入社会组织的范畴。

第六是第三部门组织。第三部门主要是相对于第一部门和第二部门，即政府和市场之外的领域而言的范畴。与之相对应，第三部门组织主要是指活跃于该领域的组织形式，重在强调其与政府组织和企业组织的不同。但是第三部门是一个从西方舶来的政治学范畴的概念，现实中人们对何为第三部门缺乏基本的理解和认知，因此对第三部门组织也存在较多困惑和不解。

第七是志愿组织。志愿组织主要是相对于现代组织的“科层官僚性”而言的，是人们自愿联合而成的，其行动的逻辑主要是成员的自发、自愿。一般而言，自愿组织的组织化程度较低，没有明确的规章、日程和制度安排。但是，志愿性是一个较宽泛的概念，没有特定的行为主体，也并非为社会组织所特有，一些政党机关和组织也强调其成员参加组织的志愿性。因此，用此概念来指称社会组织，也存在诸多不妥。

第八是社会团体或社团等。此类概念或多或少表明了社会组织的社会性或民间性，与政府组织和企业组织明显不同。具体而言，社会团体、社团等概念重点强调了社会组织的社会性；公民团体、公民组织等概念则彰显了社会组织的政治性，是从政治权利的角度来界定社会组织的。上述概念在中国社会都有其独特的适用性，在很大程度上也是交叉使用的。

上述这些不同的概念并无实质性的区别，实际上它们分别从不同的角度强调了现代社会某些方面的特征。但是正如笔者在前文所说，在全面深入推进国家治理现代化的历史进程中，对社会组织这一概念基本认知的分歧和随意性可能成为推进社会治理改革的思想困境，从而使得全面推进社会体制改革实践面临路径选择和实施方案上的分歧或阻碍。因此，如何从内涵和外延的角度对社会组织加以科学的界定就显得尤为必要。抑或我们可以“另起炉灶”，重新创设一个概念，以区别于已有的社会组织领域的相关概念，避免出现概念混乱的局面，进而与当前的社会体制改革相契合。

（三）概念演绎：从社会组织到新社会组织

关于非营利组织的界定，美国约翰斯·霍普金斯大学的莱斯特·萨拉蒙教授的提法具有典型性和代表性。他主要从非营利组织所共有的特征出发来看待何为非营利组织。这 5 个特征如下：

① 组织性；② 非政府性；③ 非营利性；④ 自治性；⑤ 志愿性。其中，非政府性和非营利性被公认为是非营利组织的基本特征。但对非营利组织其他方面的特征，学者们多针对不同国家、地区的实际提出了不同的看法与补充。其中，日本学者重富真一结合亚洲国家的国情，将上述非营利组织存在的特征修正为如下 6 个：① 非政府性；② 非营利性；③ 自发性；④ 持续性/形式性；⑤ 利他性；⑥ 慈善性。[3]我国学者王名、贾西津则认为，对中国非营利组织的界定，以下几个方面具有重要性："不以营利为目的且具有正式的组织形式、属于非政府体系的社会组织，它们具有一定的自治性、志愿性、公益性或互益性，但并非面面俱到，需要客观而动态地加以观察和理解。"这种所谓"客观而动态地加以观察和理解"，导致对非营利组织界定上的随意性和任意化，在现实中引发了多重困扰。

由此观之，学者们基本上认为，非营利组织主要是指独立于政府和企业之外的社会性组织。从这个意义上来看，非政府组织被称为区别于政府与企业的第三部门，多强调的是非营利组织具有的类似属性，更多的是从社会组织具有的特征，以及在社会组织与其他类型组织的对比中来说明何为非营利组织的。这是一种归纳式的提炼，难以捕捉社会组织的本质，不能囊括社会组织的所有特征，尤其是随着社会环境改变而出现的新特征。因此，学界对于何为非营利组织，并没有形成一个共识，没有从社会组织的本质角度来加以界定，其内涵和外延更是因角度的不同以及地区的差异而存在诸多可能。

诚如王名所言，"在当前这样一个处于转型时期的历史条件下，较宽泛的界定标准将有利于更好地推动相关社会组织的发展”。这就是说在社会组织发展的第三个阶段①，这样一种宽泛的界定有利于为社会组织的发展营造一种相对宽松和自由的发展氛围，因此也具有一定的现实合理性。但是在社会组织发展的新时期，在社会组织镶嵌于其中的社会环境已经发生很大变化的今天，缺乏明确、清晰的定义在现实中会引起诸多的混乱与困扰，不利于社会组织的健康发展。因此，本研究旨在构建一种清晰的、具备明确内涵和外延的关于社会组织的新定义，即新社会组织。

所谓新社会组织，是指不同于官办的社会组织（GONGO），也不同于社区文体活动团队类组织类型，更不同于以经济理性为宗旨的各种市场主体或市场要素（如经济类行业协会，律师事务所，教育、文化及体育等营利性机构），而是以追求社会理性，提供非营利的社会服务或社会支持的、具有独立法人资格的社会团体。

二、对新社会组织的理解

作为一种新的概念界说，新社会组织能否自我证成，关键在于它能否证明在概念内涵上有自己的本质规定性而得以与社会组织

---

① 王名曾将改革开放以来我国民间组织的发展划分为三个阶段：从改革开放初到 1992 年为民间组织兴起的第一阶段，约从 1993 年到 2000 年左右为民间组织规范化管理的第二阶段，从世纪之交开始至今为第三阶段，也即他所说的“民间组织新的发展高潮期”。笔者认为，民间组织的发展自 2008 年以后到了一个全新的阶段，民间组织的发展生态已明显不同于之前。尤其是党的十八大报告首次明确提出加快形成“政社分开、权责明确、依法自治的现代社会组织体制”，这就为在实践中积极探索和大力推进社会组织改革与社会建设提供了重要的政策指导。社会组织的建设不再是自话自说，而是关乎我国社会建设大局的重大战略要件。自此民间组织的发展面临重大的机遇和挑战，可称为民间组织发展的战略机遇转型期。而这是笔者提出新社会组织概念的重要考量之一。

区别开来；在外延表征上是否具有自己的规范和明确的领域与显著的特征，而不与社会组织相混淆。因此，我们对新社会组织的理解也主要是围绕这些方面展开。

（一）内涵和外延的解读

从内涵上看，新社会组织具有全新的所指。首先，“社会理性”是新社会组织的行动逻辑，这意味着新社会组织与公民之间的互动逻辑既不同于政治领域政府和公民之间的强制关系，也不同于市场领域生产者和消费者之间的交换关系，而是建立在社会成员对新社会组织所倡导的公益理念的社会认同基础上的一种“信托”关系，是一种基于信任、志愿和公益的资源支持与委托代理关系。[4]这与企业组织的“经济理性”以及政府组织的“支配理性”是不同的，在一定意义上可理解为国家和市场场域之外的另一种理性机制。这一理性机制占据了越来越多的社会空间，不同程度地重塑了具有公众协商、理性对话性质的生活惯习，并构建了积极的公民意识以追求共同利益的“公共场域”。

其次，公益性是新社会组织的灵魂。这就意味着新社会组织的自我定位是服务于社会上不特定的多数人的利益或社会全体利益的，与各种营利性组织是完全不同的，也与各类互益类社会组织类型相异。新社会组织的公益性追求在实践中就表现为志愿性、服务性和非营利性的特征，即新社会组织旨在通过职业化和专业化的行动，向社会提供非营利性的社会服务或社会支持，这是新社会组织立足于社会、置身于公共空间并赢得合法性和认受性的根基。

最后，新社会组织的性质是具备独立法人资格的社会团体。新社会组织是基于不同需求而形成的，具有面向市场和社会的不断增长的自我意识、自我利益维护、自我主张、自主决策及价值倡导的冲动和执念的法人团体,与政府是平等主体下的"伙伴式"合作关系。

从外延上研判,新社会组织的外延小于社会组织,仅是指具备上述内涵的一部分社会组织,其组织类型也主要涵括三大类别(但内涵都有收缩)。第一类是社会团体类。这是新社会组织的主体,主要是以人及其社会关系为基础的各类具备非营利性(non-profit)、非政府性(non-governmental)、社会性(sociality)的会员制组织,其中专业性社会服务机构是主体。第二类是基金会。这主要指涉以捐赠及公益财产关系为基础的各类非会员制组织。第三类是民办非企业单位。这是指直接提供各类社会服务的实体服务机构,如各种非营利性咨询服务组织等。具体来看,一是作为社会协同力量的主体,以及政府购买服务的主要对象的新社会组织,主要指涉民间自发的、在社会管理体制改革中作用最独特的、作为政府职能剥离后最合格的承接者。但现实中此类社会组织发展困难重重,不仅面临合法性问题,还面临公信力、组织绩效等方方面面的问题。加之此类社会组织通常被淹没在社会组织的大范畴内而被忽略或遗弃,没有得到与其功能相匹配的、应有的重视和关注。因此,我们通过"新"的范畴将其从社会组织的大范畴中加以剥离,以期推动其快速发展。二是将各类中介组织抽离,这主要是考虑到我们所说的新社会组织是遵循社会理性的,是姓"社"不姓"资"的,以提供非营利的社会服务和社会支持为使命的社会团体,这就避开了"经济理性"和"市场逻辑"的局限。这是社会组织获得公信力的关键,也是保障其践行社会公正价值观的根本,需要从"新"的角度加以辨识。三是与人民团体和事业单位不同,新社会组织具有社会性和独立性，其组织运作和活动开展较少受到政府干预，具有自己独立的宗旨、规范和责任，是姓“社”但不是官方荫庇下的社会组织。四是不同于行业协会商会类组织，新社会组织的服务领域和对象具有更广泛的周延性，不以特定机构或群体为其唯一的服务对象，且新社会组织提供的更多的是社会服务和社会支持类公共产品或是半公共产品。而行业协会类社会组织是存在于经济领域的互益型组织，多是为各类市场主体服务的，它们的活动也大多是和企业等营利组织密切联系在一起的，是市场经济存在和发展不可缺少的组成部分。它们遵循的主要是“经济理性”。五是不同于文体活动类团体与组织，新社会组织是公益性和非营利类组织，而文体活动类组织更多的是互惠性组织，其逻辑的出发点仍然是私利性的，而不是基于社会性、公益性的考量，且文体活动类社会组织的功能定位也较单一，不具备公民社会发育的积极意义。

（二）新社会组织的特征

从上述关于新社会组织的内涵与外延的解读中，可以看出其所具有的不同于以往所称社会组织的一些基本特征，详述如下。第一，全新的政社关系定位。不同于政府与社会组织之间的“从属性伙计式关系模式”[①]，新社会组织与政府之间的关系是基于政社分工与合作的“伙伴式”合作关系，两者从属于不同的场域，具有各自独特的惯习和行动逻辑。政社分开是新社会组织“在场”的逻辑前提，同时也是社会治理体系改革与发展的前提，政府与社会基于功能定位的不同而进行的分工合作与共同治理则是结果。显然，

① 在该关系模式下，社会组织的角色定位是政府的“伙计”，是地位不对等条件下的政府辅助角色，“从属性伙计式关系模式”是相对于地位平等基础上的“伙伴式”合作关系而言的。

新时期能够有效承接这些社会职能和事务的就是新社会组织，其主体则是专业化、职业化的社会工作服务机构。第二，真正意义上的民间性和自治性。这是指新社会组织是发自民间、运行独立、行为自治的民间组织。新社会组织有正式的组织机构和管理机构，有成文的章程制度、业务范围以及固定的工作人员，它们既不是政府部门及其附属机构，也不代表任何政府的立场，而是基于对社会现实以及问题需求回应基础上的内源性发展，以此区别于以往的“官民两重性”。这也是新社会组织践行公益性的前提。第三，公益性和非营利性社会服务的重要平台。与企业和其他逐利性机构提供的营利性服务（如家政服务、律师服务等）不同，新社会组织提供的社会服务与支持是非营利性质的，属于公益性和福利性的范畴。部分社会组织因囿于“双重管理体制”的登记困境和税收法律体系的不健全而公益性不足，甚至会发生“营利性”对“非营利”的置换。而新社会组织的活动始终要以公益性为准绳，坚持运作的非营利性，这是新社会组织的内在要求，也是新社会组织公信力的灵魂组件。第四，职业化和专业化的有机结合。一方面，新社会组织更加注重服务人员的职业化和专业建设；另一方面，新社会组织的主体就是各种专业化、职业化的社会工作服务机构。第五，专业化和差异化的社会服务。新社会组织的民间性和自治性可以使其对社会需求以及环境变化保持高度的敏感性和灵活性，进而有利于其向社会提供各种专业化和差异化的社会服务，满足日益多元化和异质化的社会发展需求，弥补政府刚性管理与服务的不足。

（三）对新社会组织理解可能存在的误解

误解一，将新社会组织等同于两新组织中的“新社会组织”。两新组织中的“新社会组织”主要是指新产生的社会组织类型，而我们这里所说的新社会组织是一个全新的概念。这里涉及“新”与“旧”的辩证关系。我们所说的“新”不是发生学意义上的“新”（“新近产生”），而是从本体论的意涵来理解的“新”（新的内涵与特征），主要是相对于官办组织、企业组织而言的社会组织。因此，从其形态上看，既可以是以前存在的社会组织形态，也可以是以社会理性为指导而新生出来的社会组织形态。换句话说，“新”主要是从与官办的、营利类组织的区别上来理解的。

误解二，将新社会组织等同于社会组织。如上文分析所示，笔者认为新社会组织与社会组织是不同的，其内涵更加收缩，外延上也较狭窄。笔者之所以提出新社会组织这一概念，以及在新社会组织与社会组织之间做出明确区分，主要是基于以下考量。从理论上来说，作为具有明确内涵和外延的新社会组织，是对以往社会组织理论的发展和完善，是对“自上而下”的官办社会组织发展模式的纠偏，也是对理论界关于社会组织各执一词的矫正，具有一定的学理创新意义。从实践方面来说，以往社会组织概念的模糊性和宽泛化，导致现实中社会组织的运行鱼龙混杂，各种民办非企业单位、社会企业等打着社会组织的旗号，出现于社会场域中。一方面，它们是社会组织，可以享受国家制定的关于社会组织的税收和政策优惠；另一方面，它们又假借“非营利”之名行营利之实，对真正意义上的社会组织造成“污名化”，严重破坏了社会组织发展的生态，销蚀着社会组织的公信力。因此，通过提出“新社会组织”这一概念，从学理上将此类“社会组织”排除出去就有了重要的实践意义。第一，有利于理顺社会组织与政府之间的关系。GONGO将被彻底从新社会组织中“除名”，社会组织与政府分属于两个不同的领域，真正变为遵循不同运作逻辑的平等主体。第二，有助于解决社会组织的信任危机,提升社会组织的公信力。第三,有益于社会组织遵循“社会理性”,回归社会领域,有效承接政府转型所剥离出来的社会服务与公共服务。

综上,新社会组织在概念内涵上以更清晰的界定明确了其所指,在概念外延上以更谨慎的态度明确了其所含,在特征上以更显著的表征明确了其所是。在制度实践中以“社会理性”的运作逻辑替代了“支配理性”和“工具理性”;在政策意蕴中有利于将新社会组织从各种社会组织类型中独立出来,单独进行政策的设计与考量,进而助推其独特功能的发挥。

三、新社会组织与社会治理

新社会组织的提出是社会结构变迁的结果,也是社会转型与社会体制改革的产物。从全球治理之旅的长波进程以及中国社会转型的特殊脉动来看,新社会组织概念的提出具有内在的必然性、外在的迫切性以及现实的重要性,是推进国家治理体系和治理手段现代化的重要环节。

(一)社会治理创新:新社会组织提出的现实

十八届三中全会以后治理理念深入人心,由“管理”向“治理”的转变以及“双重管理体制”的取消等都为新社会组织的出现与发展扫清了障碍,奠定了基础。

其一,新社会组织的出现具有内在必然性。首先,新社会组织是市场经济发展的必然趋势。[5]市场经济的发展,必然带来公民社会的成长。而公民社会的成长有赖于独立于国家和市场之外的第三域的发育。因此,作为第三域重要主体的新社会组织必然随着现代市场经济体制的确立而成熟起来。其次，发展新社会组织也是推进国家治理现代化的必由之路。国家治理体系和治理手段的现代化需要革新治理理念、转变政府职能，新社会组织的培育以及作用的发挥正是治理理念的内在要求和政府职能转变的重要承接载体。因此，新社会组织的出现是社会转型的产物，具有必然性。

其二，新社会组织的发展具有外在迫切性。首先，新社会组织的提出与培植，有利于从根本上打破国家管控思维下的“双重管理体制”的限制与束缚，加快良性社会组织管理体制的形成。其次，新社会组织的成长壮大及在国际事务中发挥作用，也是与我国国际地位提升密切关联的，对于提升我国的国际影响力意义重大。再次，新社会组织是现代社会组织体制的重要组成部分，只有加快形成现代社会组织体制，才能不断提升社会组织的能力，进而增强社会以及国家对于参与和发展社会组织的积极性、能动性和创造性。最后，推动新社会组织对其社会角色的积极扮演和历史使命的有效承担，是时代赋予新社会组织的历史使命和现实担当。

（二）新社会组织发展：社会治理现代化的必由之路

世界现代化进程表明，社会的组织化程度越高，社会服务越完善，社会稳定性就越强，社会活力就越大，社会管理的难度系数就越小。对于中国而言也是如此，即在改革发展的新时期，新社会组织是推动社会再组织化、保持社会稳定和促进社会治理现代化的重要载体。

其一，本体论意义上的新社会组织是社会治理体系中的重要主体，即新社会组织作为一种独立的法人，本身就构成了多元治理中的“一元”,是“社会协同”的重要力量。作为实体的新社会组织,其“协同”的功能主要体现在如下方面。首先,新社会组织是社会福利和社会政策发送的重要工具。一方面,作为自下而上的组织形式,新社会组织必须直接面对社会成员的多元化需求,并可以对这一多元化需求保持足够的敏感性和灵活性,进而使新社会组织在表达民意、传达民情、实现民权、维护民生等方面具有天然的优越性。另一方面,新社会组织以追求社会理性,提供非营利、专业化的社会服务或社会支持为目标宗旨。这一定位使得新社会组织可以为社会服务注入人性化和科学化的内涵,所提供的服务方式也明显区别于传统体制下的粗放式和经验主义模式,可以有效弥补政府“刚性”管理与服务的不足,同时实现与社会成员需求的有效对接。其次,新社会组织是社会再组织化与社会团结的重要载体。新社会组织的发展是应对社会结构的原子化与碎片化挑战、实现社会再组织化的重大举措。改革开放之后特别是 20 世纪 90 年代中期以来,随着市场经济的快速发展及单位制度的解体,社会阶层分化显著,“单位人”逐步走向“原子化的个人”,社会成员的原子化、去组织化、去支持化特征突出,传统的社会管理与社会福利、社会支持手段愈益失灵,缺乏组织关照、制度化关爱的社会群体庞大,极易引发社会的不稳定。而社会组织,尤其是新社会组织的存在可以在社会生活的各个层面、各个领域进行社会的再组织,进而缓解社会原子化所带来的“分裂”倾向。最后,新社会组织是新阶段建构“党社关系”“政社关系”的重要平台,有利于在新时期巩固党同人民群众的“鱼水”关系,夯实执政党的执政之基。随着社会的转型,党与社会联系的平台——单位制不复存在,加之传统工青妇组织作用的有限性,党实际上直接面对的是社会中原子化和碎片化的个体，组织和动员群众的传统平台的作用在减弱。因此，为坚持党的领导，改善和提升党的执政能力，党必须主动建构新的平台，通过大力发展新社会组织、建构新社会服务体系，重塑与社会的新关系。这是党群工作体制转型的重大课题，也是现阶段提升国家治理能力和实现党的群众路线的根本路径。

其二，方法论意义上的新社会组织是实现社会善治的重要手段。新社会组织所遵循的社会理性以及内含的治理理念，是实现社会治理现代化的重要规则，也是建构多元治理主体之间沟通、合作的有效思路。首先，新社会组织是转变政府社会职能、创新社会管理与公共服务模式、深化社会管理与公共服务内涵的重要手段，新社会组织参与社会治理是社会管理与社会服务人本化、科学化的重要形式，有利于完善和促进社会治理手段的现代化。其次，作为公民以自组织的方式表达意愿和诉求、参与各种社会事务的有效载体之一，新社会组织能增强公民的参与意识和自组织意识，并通过对一系列公共议题的发现，形成公民自主的治理空间。此外，新社会组织通过自己的运作逻辑也在积极践行和倡导着普遍的公民意识、自治观念、法制观念、契约精神、公益精神等，这也是新社会组织在价值层面的历史担当和追求，有助于推进公民社会的发育。最后，新社会组织的培育和发展是加快推进政府职能转变以及事业单位和人民团体改革的关键，是我国改革涉入深水区的重大战略步骤。社会组织体制改革和新社会组织的发展所释放出来的社会活力将成为一种“倒逼”力量，推动既有的事业单位、人民团体的体制改革。同时，新社会组织的发育为事业单位和人民团体的改革提供了重要的经验模板和实践参考，有利于推进事业单位和人民团体的改革，进而完善社会治理体系。

四、新社会组织的发展原则

作为社会组织发展到新阶段的产物，新社会组织是深化改革、创新社会治理的重要载体。为更好地推动和促进新社会组织的发展，我们应该坚持如下原则：第一，坚持新社会组织的民间性、公共性和非营利性，这是新社会组织发展的前提；第二，破除政府和街道行政全能主义的思想，充分认识新社会组织在有效承接政府转移职能方面的优势；第三，重点发展各类专业性、职业化的社会服务机构，尤其是跨社区、去单位化、去行政化、自治性的社会服务机构，这些是新社会组织的主体；第四，抓紧建立现代社会工作制度，以引领各类社会服务机构、社会服务事业、自治组织和志愿事业的发展，不断拓展新社会组织的外延；第五，处理好居委会与新社会组织的关系，加强社区与社工、社团（新社会组织）的三社联动，形成内在的合作机制，共同致力于基层社会治理；第六，强力推进公共财政制度和社会政策建设，包括政府购买社会服务项目、基金会和慈善筹资，以及对新社会组织的免税、服务场地无偿拨付的制度建构，以不断优化新社会组织发展的社会环境。

五、作为未竟议程的新社会组织界说

本研究只是尝试着进行了新社会组织的概念建构，这一努力因新社会组织的现实形态与社会组织的边界模糊性以及相互嵌套性，注定只能是一种未竟的议程。其表征就是文中对于新社会组织的外延、类型尚没有办法给出一个清晰、完整的序谱，更多的是采用对比基础上的排除法，是一种否定式界说。其优点是，随着社会转型以及政社的进一步分离，后续研究可以不断丰富新社会组织的图景；不足之处就是在实际操作中可能会存在模棱两可的情况。

此外，在这一未竟的议程中，新社会组织也在通过自己的运作逻辑积极践行和倡导普遍的公民意识、自治观念、法制观念、契约精神、公益精神等，这就赋予了新社会组织在价值层面上的历史担当和追求。同样，笔者也预设了新社会组织的双重使命，一是作为组织载体的社会治理功能的发挥，二是作为价值倡导的公共意识的重塑。作为价值载体的新社会组织如何实现公共意识的重塑以及公民社会的建构也是一个未竟的议题。本研究所做的努力是实现一种“视角的转化”，是从“自下而上”和“非官方”的视角做出的一种“内涵—功能”式研究，旨在为新社会组织的增量发展和功能实现提供学理支撑，从而对推进社会治理现代化有所助益。

参考文献

[1] 俞可平.中国公民社会：概念、分类与制度环境[J].中国社会科学，2006(1)：109-122，207-208.

[2] 侯利文.被困的慈善：慈善组织公信力缺失及其重建[J].天府新论，2015(1)：99-105.

[3] 王名，贾西津.中国非营利组织：定义、发展与政策建议[C].中国汽车摩托车配件用品行业年度报告，2006.

[4] 王名.非营利组织的社会功能及其分类[J].学术月刊，2006(9)：8-11.

[5] 王名.社会组织与社会治理[M].北京：社会科学文献出版社，2014.

下编

走向多元的社会组织发展机制

本编共收录了徐永祥教授关于“走向多元的社会组织发展机制”的5篇论文，包括《和谐社会建构中的民间社会组织及其社会政策》《民办社会工作机构发展的多重特征及其生成机制分析——以社会治理创新为视角》《社会企业的若干问题探讨》《国际视野下第三方参与慈善组织评估的机制研究》《国际比较视野下的慈善组织监察机制研究》。在这一编中，徐永祥教授不仅向我们介绍了有关民间社会组织的内容，介绍了民间社会组织在和谐社会中发挥的功能，并通过20余家民办社工机构的现实案例，指出目前民办社会工作发展的困境及其所需的政策支持，还对社会企业的若干问题进行探讨，为我们清晰地呈现了社会企业的相关内容。本编最后，我们还可以看到徐永祥教授如何借用国际视野来看待慈善组织的监管与评估，为我们更好地理解“社会组织”“第三方评估”提供了全新的视角。

和谐社会建构中的民间社会组织及其社会政策[①]

徐永祥

在经济体制改革不断深化与社会转型加速的当代中国，通过民间社会组织为城乡居民特别是弱势群体和边缘群体提供各类社会服务，不仅具有彰显社会公正、社会平等、社会文明的价值意义，而且对于提高党的执政能力、转变政府的社会职能、维护社会稳定、提升国家的软实力等，具有紧迫的现实意义。因此，不能单向度地思考社会管理与社会治理，而应把社会管理、社会治理与社会服务结合起来考虑，从和谐社会的建设、社会管理体制改革创新的高度来认识民间组织发展与管理的重要性，依靠积极的公共社会政策来引导、促进和监管民间社会组织的发展。

一、民间社会组织的本质和基本特征

《中共中央关于构建社会主义和谐社会若干重大问题的决定》明确提出了发展民间社会组织的方针，赋予了社会组织参与社会

① 本文曾发表于《学海》2006 年第 6 期，此次收录略有修改。

管理和公共服务的职责。同时,该决定强调要“推进政事分开,支持社会组织参与社会管理和公共服务”,“健全社会组织,增强服务社会功能”,以及发挥“社区民间组织”在社区建设中的积极作用。这一划时代的方针预示着我国民间社会组织即将迎来一个发展的春天。

那么,怎样才能科学把握社会组织、民间社会组织的概念呢?笔者认为,社会组织是不同于国家机器、市场组织的机构,具有官有及官办(政府所属和所办)、民有及民办的性质之分。凡是民有和民办的社会组织,显然皆可概称为民间社会组织。为了进一步说明问题,我们首先需要厘清“非政府组织”“非营利组织”“第三部门”“社会团体”“民办非企业单位”以及“民间组织”等概念的异同。

在国内外已有的研究中,诸如非政府组织、非营利组织、社会团体、民间组织、中介组织、民办非企业单位、第三部门等概念经常被混淆使用。但不加区分地混淆使用,既无助于科学研究的深化,也无助于社会政策的推进。

大致来说,“非政府组织”与“民间组织”是同一个概念的两种表述。前者是一个外来语,是从英语 nongovernmental organizations 翻译而来的,简称 NGO,后者则是本土化的概念。两者对应的是国家范畴内的政府组织以及立法与司法机构等,强调的是与政府等组织的区别,即民有和民办。此外,非政府组织和民间组织不同于营利性的企业和其他市场组织,属于非营利性质的组织。其活动范围主要在政治领域和社会领域,如政治性的社团、学术性的社团、公益性的社会服务机构和慈善机构等。

“非营利组织”是从英语 nonprofit organizations 翻译而来的,简称 NPO,对应的是营利性组织(企业及其他逐利机构),强调的是与企业及其他逐利机构之间的区别,即非营利的性质。其活动范围主要在政治领域和社会领域,以及为企业服务而自身并不营利的行业中介组织。从这个意义上而言,非营利组织和非政府组织、民间组织的概念具有交叉重叠之处。但是,非营利组织因其事实上存在着官办组织和民办组织两种形态之分,所以无法也不应该等同于非政府组织或民间组织。

“社会团体”与“民办非企业单位”都是本土化的概念,理论上都具有非政府、非营利的属性。不过,实际情形远比概念来得复杂,且我国的法律和政策的规制往往是不加区别、一刀切地对待不同的组织。首先,这两类组织都有官办与民办之分。有的虽然冠以民间的属性,但实际是官办的组织,在国际上被称为 GONGO;有的则是半官方、半民间的组织。其次,“社会团体”中的行业中介协会、民间研究机构等,虽被归类于非营利的组织,但我们发现,不少组织在享受免税政策的同时,也在开展营利性的活动,且获得的收入大都被这些组织的“内部人”所享用。最后,“民办非企业单位”这个概念非常混乱,事实边界并不清楚,因为它既包括了非营利的民间社会服务机构、慈善组织及其他公益性的组织,又包括了营利性的福利企业、会计师事务所、律师事务所等。可见,我们不能也无法将社会团体、民办非企业单位简单地归类于非政府组织或非营利组织。

“第三部门”(third sector)也称“第三域”,是一个相对于国家(政府)、市场而言的概念,强调的是社会领域、国家领域、市场经济领域之间的区别。显然,第三部门关注的领域是社会,第一部门、第二部门关注的领域则分别是政治活动和经济活动。国际上通行的看法是，凡在社会领域专门从事公益性的社会福利、社会服务、社会管理（非行政化的社会管理）及环境保护的组织和活动，均可归入第三部门，而政治活动组织则不能归入第三部门。由此可以明确两点认识：其一，社会性与非营利性是衡量各类组织可否归入第三部门的唯一尺度，非政府组织并非都是第三部门；其二，民间组织从事的非营利性社会活动以及官办组织从事的公益性社会事业，均属于第三部门的活动。

在上述系列概念比较分析的基础上，我们可以对民间社会组织下一个比较完整和清晰的定义，进而概括民间社会组织的基本特征。

我们认为，民间社会组织作为现代社会组织的组成部分之一，是非政府组织和非营利组织的一种组织类型，特指那些专门从事社会福利、社会服务、社会慈善、社会管理及环境保护的社会团体或其他公益性组织。民间社会组织的基本特征主要有：（1）民间性或非政府性，主要表现为它是独立于政府之外的一种社会组织。在与政府的关系上，一方面，它和政府之间不存在纵向的领导与被领导的行政隶属关系，而是自主决策、独立运作和自我发展并接受政府依法监管的自治组织；另一方面，它和政府之间又可以形成相辅相成的伙伴关系，可以通过竞标或签订合同的形式接受政府委托，或者通过购买服务项目开展社会福利、社会服务、社会管理等社会活动。（2）非营利性，即民间社会组织的活动宗旨和结果都是非营利的，是为了实现社会的公平、正义、稳定和进步。不过，民间社会组织的非营利性特征并不等于它提供的社会服务都是免费的。国际上通行的做法如下：对弱势群体或贫困人群开展的社会服务一般是慈善性质的无偿服务，对中高收入人群的社会服务则一般是低偿服务及部分高价服务;所获得的服务性利润以及企业和个人的慈善捐款,均不得用作内部成员的分配,而必须重新投入公益性社会活动之中。正因为如此,对于民间社会组织获得的服务性利润和慈善捐款,国家一般都实行全部免税的政策;对于民间社会组织通过投资或经营企业所获得的利润(这些利润当再投入公益性事业),国家则实行远低于企业利润的所得税标准。(3) 社会性,即民间社会组织的活动范围仅限于社会领域,属于第三部门,追求的是社会关怀、社会公益的公共价值和理念。在这一点上,它和政府追求的价值与理念具有高度的一致性或相似性。(4) 合法性,即民间社会组织都应该是经过合法登记或注册并接受政府监管、公众监督的公众组织,且其资金来源及运作合法,如来自政府购买服务与委托服务的专项资金、民间个人或企业的慈善捐赠,以及收入和利润必须用作公益性服务和社会活动的再投入。

二、民间社会组织在和谐社会建构中的角色与功能

从发达国家、新型工业化国家及地区的社会保障与社会管理的成功经验来看,民间社会组织的正常发展是化解社会矛盾、整合社会资源、维护社会稳定、实现社会相对和谐的有效机制与必要条件。从我国的情况来看,民间社会组织的发展则是我国和谐社会建设的客观要求和必要条件之一,也是我国和谐社会建构和社会管理体制改革创新的重要组成部分,具有重要的社会建构功能。由此判断,当今我国正在发育和发展中的民间社会组织,其社会建构的功能和角色既有体现国际共性的地方,也有我国社会转型与社会发展所赋予的特点。概而言之,我国民间社会组织在和谐社

会中的角色和功能主要体现在以下五个方面。

第一，人性化、专业化社会服务的开拓者和社会保障的实践者。社会服务是指政府、社会组织等在社区、专业服务机构里开展的福利性服务和公益性服务，以及社区居民之间的互助性服务。它是整个社会保障制度的重要组成部分，体现了国家对弱势人群的保障责任和对居民的公共福利责任，也体现了互相关心、互相帮助的社区共同体精神。然而在实践中，由于行政化、科层制和非专业性的局限，政府部门直接从事的以及官办社会组织和居民委员会开展的社会服务项目，或难以摆脱粗放式和经验主义的模式，或难以提供社会成员急需的服务项目，且难以克服成本高而效益低的弊端。民间社会组织的情况则不然，民间性和专业性是它的优势。民间性的特征使得它必须直接面对包括社区居民和各类弱势群体、边缘群体在内的社会成员，了解他们真实的服务需求，故具有主动整合服务资源、开拓服务项目的内在动力。专业性的特征使得它具备一支专业工作者队伍（如社会工作机构或机构中配置的职业社会工作者），从而为社会服务注入人性化和科学化的内涵，所提供的服务方式也明显区别于传统体制下的粗放式和经验主义的模式，且服务的成本效益远远高于政府部门和官办社会组织。

第二，社会管理的参与者和社会稳定的促进者。改革开放和市场经济的发展，使得我国传统的“单位制社会”走向解体，社会成员的“单位人”开始向“社会人”转变。不过，由于我国社会的再组织化刚刚开始，社会的组织化程度还很低，大量的社会成员（如失业或待业职工、进城务工人员及其他弱势群体）尚未被纳入一定的社会组织，故呈现出浓重的“原子化的个人”或“个体化的社会人”

的特征。而我们知道，一个社会的组织化程度越高，其稳定性就越强，社会管理的难度系数就越小；反之，社会的稳定性则越差，社会管理和社会治理的难度系数则越大。社会分化和事实上的阶层化进程，使得处于非组织状态下的"原子化的个人"成为社会不稳定的巨大动因。在这种情况下，仅仅依靠政府去了解和直接管理"原子化的个人"或"个体化的社会人"，去协调和保护各个群体特别是弱势群体的权益，实际上是非常困难的。民间社会组织则不同，由于它是社会的"自组织"，不仅有着与社会成员或居民的天然联系以及组织社会的天然能力，还是政府和社会成员之间沟通联系的中介和桥梁，且可以通过自愿、协商的方式和专业的手段去解决有关的问题。因此，民间社会组织的社会服务事实上是对社会管理的一种参与，具有管理社会和稳定社会的功能。只要配合适当的社会政策，民间社会组织就能够配合政府将那些"原子化的个人"组织起来，将他们纳入社会支持或社会辅导体系，从而帮助政府解决有关群体和个人的社会问题，维护社会的稳定。

第三，政府社会职能转变的促进者和承接者。应该说，我国的社会管理体制至今仍然沿袭了计划经济时代的许多弊端，核心则是"政社不分"和"以政代社"的问题。其主要表现为，政府在社会领域的职能至今未能有效转变，未能与非政府的社会组织相区分。一方面，政府仍然越位直接管了许多不该管、管不了也管不好的社会事务。即使对自己所办、所属的非营利机构，许多政府部门也往往习惯于行政干涉甚至是包办代替，使得政府主办的非营利机构的"国企病"难以消除。对于一些本应由民间组织从事的社会事务，一些政府部门也不愿意"放权让利"。这使得政府在社会领域不得不背负着极高的经济、政治和道义成本。另一方面，面对一些新的社会问题，政府的职能却往往陷于缺位或不到位的尴尬境地，如对流浪和受虐儿童的保护、网瘾青少年的社会辅导、进城务工人员的社会支持、弱势群体的维权等，尚无有效的应对手段和相应的组织。这些无不表明，社会管理体制的改革创新，必须确立和完善政府的公共服务职能，转变政府社会职能的实现方式，剥离政府包揽的或不该直接从事的那部分社会服务与管理事务。显然，最有能力承接这些剥离出来的社会事务的，当是各类专业化与职业化的民间社会组织，如专业化、职业化的社会工作机构。从这个意义上而言，民间社会组织的发展和实践，有利于政府社会职能的转变，有利于建立和健全“党委领导、政府负责、社会协同、公众参与的社会管理格局”。

第四，社会文明与和谐社会价值的倡导者和推动者。市场经济遵循的是利益原则和竞争法则，必然带来人际关系的货币化和利益至上的社会风气，造成阶层的隔离和人际关系的疏离，冲击社会团结或共同体生活的基础。也就是说，在社会领域，市场法则一般都是失灵的。这就需要政府和社会组织进行公益投入，建设社会文明，以弥补市场的失灵，维系社会团结。显然，民间社会组织所从事的社会服务、慈善活动及其他公益事业，是整个社会文明建设不可或缺的组成部分以及社会团结的必要条件。这是因为，民间社会组织的非营利服务和其他公益性活动所倡导的核心价值是社会的和谐，其基础是以人为本的原则和人道主义精神，追求的是社会的至善，关心的是共同利益，塑造的是人与人之间平等、信任、合作、协调、团结与整合的关系。此外，在开展和开拓社会服务及其他公益性活动之外，民间社会组织因招募、培训大量的合格志愿者参与各类项目，为社会志愿精神的弘扬做出了独特的贡献。不仅如此,民间性和非营利性的特征,客观上使得民间社会组织更有利于整合个人和企业的资源,赢得个人和企业的慈善捐赠,促进社会慈善精神和企业公民社会责任的发展。

第五,跨越社区服务"单位化"陷阱的重要推动者。目前,我国各地开展的社区建设,基本上还是体制内(由街道办事处包揽一切)的模式。除了计划生育、失业登记、社会救助、社会保险、社区卫生、社区文化、社区治安、征兵登记、城市管理、房地产管理以及招商引资和工商登记等政府的行政管理工作以外,街道办事处乃至居委会还直接组织和承办慈善活动、志愿者活动、社区服务等大量的事务性工作。据不完全统计,仅居委会每年须接受的考核项目就达150多项,而居委会成员则只有5~7人。这就使得街道或社区成了一个新的无所不包的"单位化社会",有着严重的排斥外来组织及其服务的倾向,既难以提升现有的社会服务质量,也难以拓展新的、居民急需的服务项目。事实上,政府并不具有依靠行政手段直接提供各类专业社会服务的能力,而社区自身的人口和组织等也没有提供这类常规性专业服务的能力。根据发达国家和地区以及我国某些城市的成功经验,这些专业服务只有通过政府向民间组织"购买"或者"委托"才能实现。而这些民间组织则大都是社区以外的或跨社区的专业社会服务机构。因此,引入体制外的社会工作等民间社会组织,大力推动政府购买社会服务或委托服务模式的发展,必将跨越社区"单位化"的陷阱,既能拓展社区服务的项目,又能切实提高社区服务的质量;既能将社会服务覆盖到社区居民,又能及时关照弱势群体和边缘群体。

当然,民间社会组织在和谐社会中的角色与建构功能不仅限于上述五个方面,它的发展和实际作用还表现在:有利于形成与社会主义市场经济相适应的现代公民社会,有利于激发公民的社会参与和经济参与动力,有利于社会主义民主政治所需的社会基础的形成和民众素质的提升。由于篇幅所限,这里不再一一赘述。

三、民间社会组织发展的社会政策选择

从现代化与社会转型的客观进程来看,我国事实上遵循的是一条“先经济、再社会、后政治”的发展路径。这一路径使得人们在现代化的初始阶段,比较重视经济体制改革,重视国有企业的转型和私人企业的发展,容易忽视社会体制与经济体制的相互作用,以及社会管理体制改革和民间社会组织发展的意义。同时,由于市场取向的经济体制改革可以为政府带来巨大的税收,而社会取向的社会改革和建设则需要政府让渡部分权力、事务以及加大社会投入,因此政府往往缺乏推动民间社会组织以及社会事业发展的内在动因,且仍然习惯于用传统的体制和手段去解决市场经济条件下产生的社会问题。

可以说,在现代化的起步阶段,上述问题的确难以避免。但是,在我国经济开始起飞的今天,现代化进程实际上已经进入了第二个阶段,即经济与社会协调发展、建构和谐社会的新阶段。因此,民间社会组织参与社会保障、社会管理和社会服务,已经不是一个可有可无的问题或要不要发展的问题,客观上已经成为我国社会管理体制改革、政府社会职能转变与和谐社会建设的必然要求和组成部分。这就需要政府用改革的精神,调整社会政策,推动民间社会组织参与各项社会事业的有序发展。

就民间社会组织的发展实际而言,目前对社会政策的调整与

建构应重点关注以下几个方面。

第一,建立有利于民间社会组织发展的登记或注册制度。目前,我国的登记注册制度具有烦琐和不方便的鲜明缺点,申办社会团体和民办非企业时不仅要求填写大量的材料,而且要求挂靠单位。这些挂靠单位如果不是政府部门或官办机构,一般难以批准登记。这里的逻辑在于,政府部门或官办单位具有政府属性,民间社会组织具有民间属性,两者的角色与职能有着鲜明的区别,前者没有权利和义务接受后者的挂靠。否则,一旦民间组织发生法律纠纷,政府部门和官办机构将承担连带的法律责任。这种对连带责任风险的预期,也决定了政府部门和官办机构没有能力接受民间社会组织的挂靠。有鉴于此,在明确民间社会组织的公益性、社会性和服务性的功能定位的基础上,笔者建议取消挂靠单位的要件,以方便它们的登记或注册。当然,考虑到有序发展和有利于监管的需要,可先对那些专门从事社会服务、内部治理结构完善、成员具有专业服务资质(如社会工作资质、心理咨询资质)的民间组织,取消挂靠单位的要求。待积累成熟经验之后,再放开对其他公益性机构挂靠单位的要求。

第二,加强对民间社会组织的监管与服务。扶持和监管民间社会组织的发展,都是政府的公共责任。应该看到,目前一些官办社会组织和民间社会组织都存在不少问题,如缺乏明确的使命感或社会承诺,社会公信度不高,有的以公益组织的名义谋求自己的私利,有的甚至跨越业务范围介入政治领域。此外,一些组织的内部治理机制也存在不少缺陷。对于这些问题,政府的监管实际上是不到位的。因此,政府应按照中央的方针,“在服务中实施管理,在管理中体现服务”。一方面,政府应完善相关的政策与法规,对民间社会组织的组织目标、治理结构、资金使用、服务质量提出规范性的要求；同时，应加强对民间社会组织的监管，如必须审查其年报、考察其内部架构、规范其行为、及时处理其违法违规问题等。另一方面，政府有责任牵头建立民间社会组织的社会监督体制，如第三方的独立评估机制、同行互律机制、公众监督机制等。此外，政府在监管中应加强公共服务职能，及时帮助民间社会组织提高专业化、职业化水平，及时解决民间社会组织自身难以解决的一些困难。

第三，改善公共资源的配置方式，建立和完善有利于民间社会组织发展的现代公共财政体系。虽然现代公共财政体系的建立需要一个过程，但在政府的土地规划和财政预算中专门切出一块，以扶持民间社会组织发展则是完全有条件的。鉴于社会服务属于政府的责任范围，我们应明确政府的投入始终是社会服务资金的主要来源。这也是政府主导社会服务事业的必要条件。这里，我们可以参考发达国家和地区的做法。首先，政府可通过招标的形式向民间组织购买服务项目，或委托民间社会组织开展特定的服务项目。其次，为了鼓励企业和个人对民间社会组织进行慈善捐赠，政府应对这种捐赠实行免税政策。目前我国企业的慈善捐赠对象仅限于 7 个官办基金会，且按捐赠款项对企业实行 3% 的免税额度。这显然不利于慈善事业的发展，不利于社会服务事业的发展。再次，对于民间社会组织开展公益性服务所获得的收入，只要这些收入仍然用于社会服务，也应实行免税政策。最后，对从事公益性服务的民间社会组织，政府应规划好专门的用地并给予无偿的拨付。

第四，推动官办的社会服务机构逐步向民间社会组织转型，切实解决官办机构的"国企病"。在经济领域,国有企业及其他内资企业所享有的税收优惠曾经长期不如三资企业(中外合资经营企业、中外合作经营企业、外商独资经营企业),因此它们的市场竞争力远弱于三资企业。但在社会领域的情况恰恰相反,官办社会组织所享受的政策优惠远远大于民间社会组织。其结果是,官办机构往往人浮于事、效率低下,缺乏自主性和创新性,财政包袱越来越重;而民间社会组织则因得不到应有的或必要的政府财政资助和其他扶持措施,难以维持和扩大专业性的社会服务。所以,在支持民间社会组织发展的同时,必须重视官办机构的改革和转型,切实推动官办机构向民间性、专业化社会组织转型和发展。

参考文献①

[1] 徐永祥.社会体制改革与和谐社会建构[J].学习与探索,2005(6):20-24.
[2] 范斌.福利社会学[M].北京:社会科学文献出版社,2006.
[3] 范斌.非政府组织发展及其在和谐社会中的建构功能[J].马克思主义与现实,2005(6):69-73.
[4] 丁元竹.非政府公共部门与公共服务[M].北京:中国经济出版社,2005.
[5] 徐麟.中国慈善事业发展研究[M].北京:中国社会出版社,2005.
[6] 田凯.非协调约束与组织运作:中国慈善组织与政府的关系的个案研究[M].北京:商务印书馆,2004.
[7] 王名.中国非政府公共部门:清华发展研究报告2003[M].北京:清华大学出版社,2004.
[8] 崔开云.近年来我国非政府组织研究述评[J].东南学术,2003(3):149-155.
[9] 范丽珠.全球化下的社会变迁与非政府组织(NGO)[M].上海:上海人

① 本文的参考文献为阅读型参考文献。——编者注

民出版社,2003.

[10]　俞可平,等.中国公民社会的兴起与治理的变迁[M].北京：社会科学文献出版社,2002.

[11]　王名,刘国翰,何建宁.中国社团改革：从政府选择到社会选择[M].北京：社会科学文献出版社,2001.

[12]　吴锦良.政府改革与第三部门发展[M].北京：中国社会科学出版社,2001.

[13]　杨团.非营利机构评估：上海罗山市民会馆个案研究[M].北京：华夏出版社,2002.

[14]　何增科.公民社会与第三部门[M].北京：社会科学文献出版社,2000.

民办社会工作机构发展的多重特征及其生成机制分析

——以社会治理创新为视角①

高　丽　徐永祥

一、问题的提出

在2015年全国两会上，国务院总理李克强做政府工作报告。在加强和创新社会管理方面，他提出，要“支持群团组织依法参与社会治理，发展专业社会工作、志愿服务和慈善事业”。这是首次将“发展社会工作”写入政府工作报告。十八届三中全会创新性地提出“推进国家治理体系和治理能力现代化”的重要目标，这一重要思想体现在社会建设方面，就是要创新社会治理体制。这为社会工作事业的发展创造了重要的制度背景。

十八大报告明确指出，要“加快形成政社分开、权责明确、依法自治的现代社会组织体制”；民政部在颁布的《民政部关于进一步加快推进民办社会工作服务机构发展的意见》中提出，要“建立健

---

① 本文曾发表于《社会工作》2016年第1期，此次收录略有修改。

全民办社会工作服务机构发展的政策制度，逐步形成协调有力的管理体制和规范高效的工作机制”。这不仅为我国民办社会工作机构的发展提供了关键契机和制度支持，而且为其参与社会治理机制创新提供了积极指导和发展方向。民办社会工作机构作为社会组织的重要组成部分，具有专业性、非营利性、民间性、公益性、自治性等特点，是推进社会工作事业发展的主要阵地，也是落实以民生为基础的社会建设以及创新社会治理的重要力量。王思斌指出，社会工作机构介于政府（政策制定者）和民众之间，它们参与社会治理体系的构建，具备“吃透两头”和利益上相对超脱的特质，能够更客观、更全面、更深刻地认识社会问题，从而更理性地参与社会治理。[1]闻英从社会资本分析角度出发，认为一个拥有丰富社会资本存量的社会意味着和谐、稳定的秩序和良好的社会治理，社会工作机构在帮助人们连接社会资源，提升个体、群体和社会的社会资本过程中发挥着重要作用。[2]因此，培育和发展民办社会工作机构是激发社会组织活力、参与社会治理的重中之重。

当前，我国民办社会工作机构的发展仍处于起步阶段，专业化水平较低，无论是外围制度建设还是自身能力建设，都需要进一步完善。根据已有研究，国内多数地区的民办社会工作机构发展仍处于生存阶段，只有少数一线城市（如北京、上海、深圳等）的社会工作机构正处于生存与可持续发展阶段之间。国内学者关于民办社会工作机构发展及其困境的研究很多，如彭善民[3]，陆士桢、郑玲[4]，易松国[5]等，但他们的研究观点具有高度相似性，大多认为民办社会工作机构的发展困境集中表现在经费来源单一、内部管理不善、专业性较弱、人才流失严重、社会公信力低等方面，因而相应地从完善制度建设、提升机构自身能力、加强社工人才队伍建设以及社会公信力建设等方面寻求出路。在已有研究中,无论是民办社会工作机构的发展困境还是应对策略,都倾向于从理论上做经验之谈,缺乏客观地深入现场做实地考察和反思实际经验,因而对现实中发生的变化缺乏敏锐的洞察,也未能从理论上进一步指导和推动实践发展。另外,尽管不少学者强调,要充分发挥社会工作及其组织载体(民办社会工作机构)在社会治理中的作用[1][6][7],但这种作用在现实中并不明显,原因在于当前我国民办社会工作机构的发展仍处于初级阶段,其在参与社会治理、助推社会建设方面的作用仍然有限。因此,对于民办社会工作机构在创新社会治理机制中的作用的探究,应成为学术界和实务界共同面临的核心议题。

本研究在系统总结以往研究的基础上,以深圳市 20 家民办社会工作机构的访谈资料为依据,运用文献分析和深入访谈的方法,试图对现存问题做深入探讨与规整,分析当前民办社会工作机构在生存、发展和可持续发展阶段存在的困境、特征及其背后的社会根源,并尝试提出在创新社会治理背景下,民办社会工作机构可能采取的应对策略,以期提升民办社会工作机构参与社会治理创新的可为能力并扩大其生存空间。

二、生存、发展与可持续发展:民办社会工作机构的多重特征及困境

近几年来,在党和政府的大力支持和政策制度的持续推进下,我国民办社会工作机构得到了迅速发展,具体表现为机构数量快速增长、服务领域不断扩展、专业化水平不断提高、发展环境得到

改善。[4]但是,民办社会工作机构的总体发展水平依然不高,存在着诸多问题。从当前研究来看,国内民办社会工作机构不同程度地遇到了各种发展困境,各地区民办社会工作机构的困境既存在相似性,也存在差异性。究其原因,有学者指出,这与我国民办社会工作机构发展历史短、"催生性"强、"草根性"弱等密切相关。这就不可避免地造成了民办社会工作机构发展的先天缺陷。[5]还有学者从资源依赖理论出发,指出当前我国民办社会工作机构处于自上而下的被动发展模式下,未能意识到自身的使命和发展目标,对政府资源依赖过多,缺乏寻找其他资源的主动性,从而养成惰性。[8]另外,社会工作发展的本土化、专业化、职业化水平较低,也不利于民办社会工作机构的生存与可持续发展。

(一)生存阶段:本土化发展下的专业化与多元化的张力

本土化是社会工作的本质属性。产生于西方的社会工作要想在中国"落地生根",就必须将社会工作的基本原理、国际通则与本土实际相结合,以形成具有中国特色的社会工作制度。[9]民办社会工作机构的专业化和多元化发展,均离不开本土化的有力支撑。当前,我国大多数社会工作机构由于对政府资源的高度依赖,以及为争取更多的服务项目,逐步从单一服务领域发展为多元服务领域。这一做法既有助于机构多种服务项目的开拓,也能够扩大机构规模,实现社工人才的多元化培养。而个别机构坚持专注于单一服务领域,探索具有自身特色的品牌项目和服务模式,走专精化之路,从而为服务对象提供更优质的服务。但是,由于单个领域的社会工作服务项目和社工岗位有限,竞争激烈,且机构间规模、实力相差较大,专类社会工作服务机构可获得的资源受限,难以实现进一步发展。结合深圳市民办社会工作机构的年度评估结果,笔者发现专类社会工作服务机构的总体得分并不高，机构排名均位于中等偏后的位置。这种现象表明：在生存阶段，社会工作机构的专精化与多元化之间存在冲突，类似于“鱼与熊掌不可兼得”的情形。

> 当前大多数民办社会工作机构都在追求服务领域和整体规模的扩展，一味地争夺政府服务项目和社工岗位。实际上，这并不利于机构服务的专业化发展，服务质量也较难保障。服务于单一群体的机构规模小、资源有限，在招投标中常处于劣势，中标概率日益降低。（C 机构服务总监）

在当前社会工作行业发展环境下，“僧多粥少”现象突出，专类社会工作机构面临着多重竞争压力，机构如何生存成为亟须解决的问题。正如 C 机构目前的状况：往年的社工岗位流失了三分之二，服务项目所剩无几，部分中高层管理人员另谋高就。由此，我们不得不提出疑问：在加强和推进社会工作本土化的形势下，民办社会工作机构是要坚持单一领域的专业化发展，还是要不断扩展服务领域，向多元化方向发展？这是当前我国民办社会工作机构普遍面临的选择性困境。

（二）发展阶段：制度同构下的机构区隔化与人才离散化效应

经历了生存阶段后，要继续推动社会工作事业及民办社会工作机构的发展，必然离不开一套健全的制度保障体系。深圳市于 2007 年发布了《中共深圳市委、深圳市人民政府关于加强社会工作人才队伍建设推进社会工作发展的意见》，其内容包括加强社会工作人才队伍建设，建立社会工作人才激励等相关制度，开发社工岗位，培育社会公益性民间组织，建立公共财政支持体系，等等。经过多年的实践,深圳市逐步建立了一套“政府推动、民间运作”的发展模式,在探索现代社会工作制度方面取得了显著成效。这种统一的制度安排,为深圳市社会工作发展创造了重要条件。然而,随着社会工作事业的不断发展,相关的社会工作制度建设仍有不足,如缺乏一套系统、全面的制度保障体系,相关的薪酬制度、监管制度和政府购买制度未能在实践中不断完善。其中,制度同构成为政府购买服务,尤其是阻碍民办社会工作机构健康、有序发展的重要制度困境。[10]因此,在发展阶段,制度层面的制约与缺陷给民办社会工作机构的发展带来了诸多不利影响,这突出表现在两个方面。

1. 资源有限下的排斥与恶性竞争:社会工作机构发展的区隔化

目前,由政府推动社会工作的发展在世界范围内还是一种新的做法,也是中国政府改善民生、建设和谐社会的重要举措。政府的推动促使政府购买社会工作服务模式的广泛推行,但这种模式是在社会组织发育不充分、公民自治机制薄弱的背景下提出的;同时,政府购买社会服务和财政支持等相关制度建设尚不健全。这就造成了社会工作机构对政府购买服务的过分依赖,“看天吃饭”成为我国很多民办社会工作机构实际运行所面临的重大困境之一。在此形势下,不少民办社会工作机构之间存在着过度商业化、资源恶性竞争等问题,有些机构在政府服务项目的招投标过程中,通过各种途径和方式争夺服务项目或岗位,“暗箱操作”“潜规则”等现象也逐渐出现在社会工作领域。这些问题将导致民办社会工作机构间相互排斥与敌对,难以形成行业凝聚力和行业共同体,从而显现出社会工作机构发展的一种“区隔化”效应,极大地阻碍了

社会工作行业的整体性发展。例如,C 机构中心主任向笔者透露了如下现象:

目前,深圳市大多数社会工作机构就像是在“圈地”,哪里有招标就向哪里投,当然这也是为了机构的发展。但在政府招投标中,不管中标与否,机构间都不应相互攻击或抹黑,更不应在项目交接中设置某些人为障碍,社会工作机构要共同构建这个行业的发展秩序,维护行业声誉。(C 机构中心主任)

同时,在这种发展态势下,社会工作机构间还存在着恶性的人才竞争现象。机构间的恶性竞争也反映了政府购买服务项目在招投标机制、监督评估等方面存在未尽之处。从理论上讲,整个社会工作行业是一个共同体,无论是机构之间,还是专业社工队伍之间,都应形成一种相互支撑、相互促进的关系。

对此,Y 机构总干事认为:

机构发展是一个个体发展,而行业发展是一个整体的集团发展,我们要创建同行交流平台,加强互助合作与互动分享,而不是相互仇视、恶性竞争,这样才能真正推动整个行业的发展进步。(Y 机构总干事)

2. 流失与流动并存:社工人才队伍的离散化效应

近几年,职业社工人才流失现象较为严重,呈逐年上升趋势。据深圳市社会工作者协会的统计,2014 年度深圳在岗社工流失率为 22.2%。人才流失去向的分析显示,到市外社工行业就业的人占流失人数的 15.4%,不再从事社工行业的人占流失人数的 84.6%。这表明,在现有的职业环境下,社工人才队伍存在一种离散化效应,即社工要么离开现有的工作机构或工作地而到其他机构或其他地区继续从事社会工作,要么转行不再从事社会工作,而后面这一种情况的增多令人担忧。究其原因,首先,社工的职业发展前景模糊,薪酬体系不健全,晋升机制不规范,始终缺乏一套健全的社工人才保障制度,致使社工职业信心的降低。其次,我国职业社工培养中仍存在价值理念与实务技巧的错位[11],越来越多的社工专业毕业生缺乏必备的专业价值理念,职业使命感不强。同时,一些非社会工作专业的人员把从事社会工作当作"备胎"工作,致使在实际工作中使命感较弱。再次,社会工作服务很难在短期内出现显著的服务成效,而且当前社会公众对社工及其服务的认同度低,在一定程度上致使社工自身价值感不足,进而另择他业。最后,不少二、三线城市提高了对发展社会工作的重视,并提供优厚待遇,吸引了不少一线城市的专业社工返乡从事社会工作。笔者在调查过程中发现,上述现象尤为明显。

> 在社会工作机构的发展中,人员流失是一个很大的问题,且流失的往往是机构的中坚力量。他们有的考了公务员,有的去其他城市发展,还有的由于其他原因而选择去企业等。人员的流失确实很可惜,但中国社会工作的发展还未达到高薪阶段,所以这也是社会工作发展的必经过程。(W机构总干事)

(三)可持续发展阶段:依附性自主发展取向下的品牌建设与创新困境

不少机构负责人反映,社会工作机构在发展过程中受到资源、制度环境等方面的限制,民办社会工作机构在经历了生存阶段的发展定位及发展阶段的能力建设后,应该朝向一种强调自主性和独立性的方向发展,这种发展趋势明显体现了对社会工作机构品牌建设的诉求。[12]但在实践中,民办社会工作机构在生存、发展阶段存在不同程度的困境,因而不利于可持续发展阶段目标的完成。在深圳社会工作发展之初,民办社会工作机构拥有较优越的条件,政府的大力扶持以及社会对社会工作服务的大量需求,使得不少机构依托于政府购买的社工岗位、项目和社区服务中心而迅速发展起来。而这样的发展态势造成了机构的弱自主性、强同质性,形成了一种依附性自主发展模式,机构在打造品牌项目方面受到明显限制。深圳市现代公益组织研究与评估中心在2013和2014年度对民办社会工作机构进行的绩效评估结果显示,2013年评估指标中“品牌管理”项得分率仅为55.2%,服务特色与创新方面得分率为87%;2014年评估指标中“品牌管理与推广”项得分率为51.1%,其中“品牌效应”得分率仅为31.1%。

社会工作机构在发展过程中未能形成具有自身服务特色的品牌项目,具体原因表现如下。第一,在当前社会形势下,政府与机构表面上是平等合作的伙伴关系,实际上却是雇用与被雇用的关系。这就造成了机构发展缺乏应有的自主性和独立性,机构间存在明显的同质性,难以实现服务的创新与突破。第二,民办社会工作机构的社会影响力和社会公信力较弱,缺乏与其他社会主体资源的链接,资源的有限性在一定程度上阻碍了机构的可持续发展,品牌服务建设也无从谈起。第三,社会工作机构的发展大致可分为生存、发展和可持续发展三个阶段,而当前大多数社会工作机构还处于生存与发展阶段,必须先解决机构的“温饱问题”,增强实力,才能为后续的可持续发展打下基础。

当前,不少社会工作机构逐步建立了品牌服务意识,甚至进行了品牌服务管理规划,但目前尚处于探索阶段,未建立起一套完整的品牌服务管理体系,如何落地实施品牌服务是民

办社会工作机构实现可持续发展的重中之重。(X评估机构项目主管)

三、体制内外:民办社会工作机构发展困境的生成机制分析

造成我国民办社会工作机构在生存、发展与可持续发展阶段面临多重困境的根本原因是什么呢?不少研究者从组织与环境关系的角度出发,认为组织与环境之间存在紧密联系,两者相互依赖,且组织环境的复杂性和动态性给组织运行带来了一定的不确定性和风险。笔者认为,可从社会体制、制度体系和社会认同三个层面来分析当前我国民办社会工作机构面临多重发展困境的社会根源。

(一)政社互动与职能转移不够深入:社会工作机构发展的社会体制障碍

在传统的社会管理机制中,政府的社会职能存在着越位和缺位现象,使得政府在社会建设中不得不同时扮演政策的制定者、实践的组织者、服务项目的提供者和问题的裁判者等多种相互矛盾的角色。[13]政府想要加强对社会的管理,结果却加强了对社会的管控,造成社会组织发展的严重滞后。十八届三中全会提出的“创新社会治理机制”,要求坚持“系统治理、依法治理、综合治理、源头治理”,强调转变政府职能,形成多元主体共同参与社会治理的机制,从根本上讲就是要重构政府与社会之间的关系,形成一种政社分工与合作的治理机制,这在一定程度上弥补了原有体制的缺陷。但是,传统社会管理体制的影响并未根除,社会治理机制的理念还未能有效落实与推广,这导致政府职能转变有限,放权不足,社会

组织缺乏应有活力,政社分工与合作仍存在诸多问题。因此,处于这种发展形势下的民办社会工作机构,表面上与政府达成了平等合作协议,实际上依然受制于政府,成为政府的“服务承包商”,无法以社会主体身份参与社会治理,严重影响了社会工作机构的自主发展。

(二)制度不健全与组织同构并存:社会工作机构发展的双重制度悖论

我国社会工作在很大程度上是靠政府的推动与扶持发展起来的,其中,政府购买社会服务政策的制定与实施在一定程度上推动了社会工作机构的孵化与发展,赋予了社会工作机构合法化身份,并为其发展提供了必需的资源支持。但是,当前我国并未建立起一套保障民办社会工作机构健康发展的制度体系,社会工作机构的管理制度(包括准入、管理、薪酬、监督、评估等)尚不完善,相关的配套制度(包括税收、激励、审计等)仍不健全。虽然近两年来政府加大了对社会工作及民办社会工作机构的重视,但总体来讲,民办社会工作机构发展的政策制度建设仍然有限,缺乏一套健全的制度保障体系,这就造成了社会工作机构在自身发展和提供服务方面受到很大限制。

> 民办社会工作机构的发展缺乏完整的制度保障,拿税收制度来讲,现在很多服务项目都需要交税。政府能否试着免去或减少社会服务项目的税收,把资金更多地投入社会服务中?(S机构理事长)

与此同时,现有的社会工作制度体系具有较强的同质性,使得在该体系约束下的民办社会工作机构呈现出明显的组织同构性。这不利于社会工作机构朝着多元化方向发展,也不利于其回应复杂的社会需求。

（三）社会承认与社会认同不充分：社会工作机构发展的社会基础缺失

近十年来，我国社会工作事业取得了实质性的成就，无论是社会需求的凸显与社会工作共同体的积极回应，还是从中央到地方的制度探索与创新，以及社会工作专业化、本土化方面取得的进步，都表明我国社会工作发展从总体上进入了一个新的发展时期。但是，社会工作事业尤其是民办社会工作机构参与社会治理的空间和作用仍然有限，除了上述体制性和制度性因素以外，笔者认为，我国社会工作发展面临的社会性因素同样具有根本性。社会工作机构发展的社会性因素主要体现在其是否得到社会的普遍承认和广泛接受，已成为一个“被普遍接受的社会事实”[14][15]。从目前的实际情形来看，社会工作的发展仍然面临着严峻的挑战，无论是各级政府层面对社会工作认识的参差不齐，还是社会大众对社会工作的认知度低，都极大地限制着社会工作的社会形象；同时，中国特有的求—助关系文化和伦理，使得显性的社会需求未必会产生对社会工作服务的主动获取[16]。

四、社会治理创新视阈下民办社会工作机构的发展策略

社会治理作为社会管理的升级版，是对社会管理的进一步深化，其坚持以人为核心，更强调多元主体的共同参与，充分调动各种社会力量，激发社会组织的活力，共同推进社会领域的治理与发展。王思斌[1]认为，在创新社会治理背景下，社会工作参与社会治理是以服务的方式参与社会问题解决和良好社会秩序建构的，从

而实践着服务型治理。所谓服务型治理，即通过提供专业化、人性化服务，解决困难群体和其他有需要群体基本生活方面的问题，解决社会矛盾、弥合社会裂痕、促进社会融合、建构良好社会秩序而实现的治理。

社会治理与社会工作同属社会范畴，具有相同的结构和相通的内涵，社会工作可以被称为社会治理的操作化载体。[17]民办社会工作机构作为社会工作的重要组成部分，在积极践行社会工作价值理念、有序开展社会服务的同时，一方面能够逐步深化社会治理的任务目标和过程目标，兼顾“治疗”“预防”目标的实现，从而实现公共利益最大化；另一方面能够利用专业的社会工作技术与模式，与其他社会主体平等参与社会治理，并将社会治理方法操作化、具体化，向社会治理对象提供必要的社会服务，满足社会需求，推进公平正义。因此，民办社会工作机构既是社会工作发展与社会治理创新之间的重要桥梁，也是社会治理创新的积极实践者与推动者。要做好服务型治理，既需要加强对社会工作事业的重视，也需要建立起一支强有力的社会工作专业人才队伍，更需要大力发展民办社会工作机构，完善其管理制度，加强机构能力建设，从而充分发挥民办社会工作机构在提供专业化服务及创新社会治理格局方面的重要作用。

在社会治理创新背景下，针对当前民办社会工作机构所面临的现实困境，在对其多重困境的社会根源进行深入分析的基础上，笔者试着提出以下几点发展建议，以助推民办社会工作机构妥善应对现存发展困境。

（一）持续深化：加快政社分工与合作机制的形成与完善

十八届三中全会在《中共中央关于全面深化改革若干重大问

题的决定》中强调，要正确处理政府与社会的关系，加快转变政府职能，实施政社分开，将适合由社会组织提供的公共服务和解决的事项交由社会组织承担，从而激活社会组织的力量。徐永祥[18]指出，社会体制改革与创新的关键在于，要围绕“政社分开”的核心原则，切实转变政府的社会职能，积极培育民间社会组织，建立现代公共财政体系，从而构建现代化的政府与社会分工合作机制。当前，我国传统的政府主导下的社会监管机制依然存在，社会服务的行政化色彩仍有留存，政社分工不够明确。这在一定程度上影响了社会治理创新的实现以及民办社会工作机构的发展。虽然政府购买社会服务的实践推进了政社合作，但相关的制度建设不够健全，合作形式有待完善。因此，民办社会工作机构要借助社会治理创新的契机，积极参与社会治理，发挥社会治理主体力量的功能效用，并运用社会倡导或政策倡导的方法，推进政府职能转变，放权于社会，授权于社会组织，同时加强第三方评估与监督机制，逐步深化政社分工与合作。这样一方面有利于政府职能分化，发挥社会工作机构的内在活力，实现社会力量在社会治理中的有序参与；另一方面也能够增强民办社会工作机构的能力建设，使其承担起必要的社会服务任务，从而提高公众对社会工作的认知度以及对社会组织的认可度。

（二）双重推进：社会工作行业自律和专业督导机制的构建

1. 加强行业自律机制，发挥行业引领功能

社会工作行业组织作为社会治理主体，是民办社会工作机构进行自我管理与服务的重要平台。赵蓬奇[19]曾指出，在社会治理创新、激发社会组织活力方面，行业组织要充分发挥在社会工作领

域中的引领作用,即要在社会工作理论研究、实务探索、专业人才培养、社会工作机构建设上,着力推进社会工作全面发展。由于各个机构存在专业能力、服务范围、可利用资源等方面的不同,在发展中必然会产生自身的特有优势。因此,要充分发挥社会工作行业组织的重要作用,规范并引导社会工作服务机构间的合作互动。首先,要积极推动政府与社会工作机构间的良好沟通,做好政策的宣传与落实,并有效规整社会工作机构发展的现实问题,及时推进政策倡导,从而真正建立起政社合作互助关系。其次,要建立并规范社会工作行业公约,强化行业自律标准,做好对社会工作机构的监督与评估工作,逐步深化社会工作职业化建设。最后,要积极创建社会工作机构间的交流互动平台,畅通机构间的沟通互助渠道,促进机构间的良性竞争与合作,同时注重加强高校与社会工作机构间的资源整合,充分利用高校专业力量提升社会工作机构的专业服务能力,形成双方共同发展的互助机制。

2. 健全专业督导机制,加强专业引领作用

社会工作督导是社会工作服务机构开展服务的品质保障,也是提升社工专业能力、提高服务成效的关键力量。然而,目前国内社会工作机构的督导资源相对不足,尚未建立起较完善的督导培养机制,亟须加强督导人才队伍建设。只有建立健全社会工作督导的培养与管理机制,才能更好地推进社会工作的本土化、职业化、专业化建设。因此,民办社会工作机构要与行业协会通力合作,逐步完善现有的督导机制,充分发挥督导在机构发展和服务开展中的重要作用,加强督导对社工的引领作用。首先,督导要增加与一线社工的互动频率,个别督导与集体督导并行,及时解决专业服务问题,提升社工专业能力。其次,督导要兼顾“上意下达”和

“下意上传”，有效发挥自身在社工与机构间的纽带作用，实现机构与社工间的协作沟通，增强社工的归属感。最后，督导要根据一线社工的需求，及时总结服务管理经验，从多角度加强对社工专业技巧的培训，强化社工的责任感与使命感，保障专业服务质量。

（三）多元并行：明晰民办社会工作机构的战略定位、角色定位及品牌定位

1. 战略定位的甄选

民办社会工作机构的发展，最终还是要坚持专业化和多元化合力并行。坚持专业为本，以专业化、高质量的社会工作服务来赢得社会及公众的认同，从而保证机构在社会工作事业发展中占有一席之地。与此同时，民办社会工作机构也要不断开拓服务领域，广纳贤才，增强机构实力，并加强对服务质量与服务成效的重视，进而提高自身的社会公信力与影响力。在维持专业化和多元化的合理平衡之外，最重要的是，民办社会工作机构要在多重审视之下，明确自身的战略定位，强化机构的使命愿景，保持机构战略规划的与时俱进。在此，不得不明确的是，只有坚持专业化和多元化的共同推进，才能更好地推动我国社会工作事业的进步。

2. 角色定位的明晰

社会治理是一种多主体合作共治的现代社会治理模式。社会治理体制创新的核心目标是推进多元治理主体格局的构建与社会组织活力的激活，并加大对社会组织和其他社会力量的培育与支持力度。[20]在这种发展形势下，民办社会工作机构作为社会治理的主体，要找准自身的角色定位，理顺与政府及其他社会治理主体的关系，积极探索参与创新社会治理、服务社会的介入点，充分发挥自身独特的优势，从源头治理、系统治理、综合治理和依法治理四

个层面入手，创造性地开展社会服务，以促进社会公平正义；在强调治理主体多元化的同时，还要完善治理机制和治理规则，以形成基于明晰角色定位的合作治理机制。

3. 品牌定位的形塑

民办社会工作机构的可持续发展，既要积极开拓多元化的资源获取渠道，增强自主性；也要明确自身的服务特色，形塑专业品牌服务，并加大对自身及其服务的宣传力度，提高社会认同度。具体来讲，要做好以下两方面的工作。一是立足品牌定位，打造独门专业技术，改变粗放式发展模式，逐步转向社会工作技术与服务的精细化发展；从品牌服务管理规划、监测、执行、推广四个层面入手，建立一套系统的品牌服务管理体系，群策群力，完善品牌服务的实施及宣传推广。二是注重培养社工及整个团队的创新意识，开拓思维，增加对社工的多元化专业培训，尽可能为社工提供外出进修的机会，逐步提升整体的创新思维和品牌服务意识。

总的来说，在创新社会治理体制的新要求下，社会工作与社会治理处于一种双向互补的关系中，两者相互支撑、不可分割。而民办社会工作机构作为社会工作专业与职业发展的重要载体与纽带，在新形势下要抓住发展的新契机，以服务社会公众为使命，坚持以人为本，践行助人自助的服务理念，妥善应对现有发展困境，并利用自身的特殊优势，将社会治理对象细致化、社会治理方法具体化，以深化社会治理目标，推进社会治理创新进程，进而使自身成为社会治理创新中不可或缺的重要主体。

参考文献

[1] 王思斌.社会工作在创新社会治理体系中的地位和作用：一种基础—服

务型社会治理[J].社会工作,2014(1):3－10,150.
[2] 闻英.社会建设背景下社会工作服务机构的培育与发展:基于对河南省的调查与思考[J].中州学刊,2011(6):133－135.
[3] 彭善民.上海社会工作机构的生成轨迹与发展困境[J].社会科学,2010(2):54－61,188－189.
[4] 陆士桢,郑玲.浅论我国民办社工服务机构的发展[J].社会工作,2013(3):16－23,151.
[5] 易松国.民办社会工作机构的问题与发展路向:以深圳为例[J].社会工作,2013(5):21－25,151.
[6] 陈成文,赵杏梓,张丽芬.论社会治理与社会工作的发展空间[J].山东社会科学,2015(1):77－82.
[7] 曲玉波.社会建设的管理与创新:以社会工作机构为例[J].湖南科技大学学报(社会科学版),2013,16(6):101－104.
[8] 赵光荣.社会工作机构发展的困境研究:基于东莞市的个案研究[D].长沙:湖南师范大学,2013.
[9] 柳拯,黄胜伟,刘东升.中国社会工作本土化发展现状与前景[J].广东工业大学学报:社会科学版,2012,12(4):5－16.
[10] 徐选国,杨君,徐永祥.政府购买公共服务的理论谱系及其超越:以新制度主义为分析视角[J].学习与实践,2014(10):92－101.
[11] 文军.当代中国社会工作发展面临的十大挑战[J].社会科学,2009(7):66－70,189.
[12] 朱希峰.打造服务品牌:当前民办社会工作机构的发展取向[J].社会工作,2013(5):26－30,151.
[13] 徐永祥.政社分开:我国社区建设制度创新的必要条件[J].华东理工大学学报(社会科学版),2004(4):1－5.
[14] 王思斌.走向承认:中国专业社会工作的发展方向[J].河北学刊,2013,33(6):108－113.
[15] 杨君,徐选国.社会工作、社会承认与生活世界的重构[J].学习与实践,2014(2):112－119.
[16] 王思斌.中国社会的求—助关系:制度与文化的视角[J].社会学研究,2001(4):1－10.

[17] 顾东辉.社会治理及社会工作的同构演绎[J].社会工作与管理,2014,14(3):11-13.

[18] 徐永祥.政社分工与合作:社区建设体制改革与创新研究[J].东南学术,2006(6):51-57.

[19] 张涵.参与社会治理 推动社会工作:访中国社会工作协会副会长兼秘书长赵蓬奇[J].中国国情国力,2014(4):24-26.

[20] 冯元,彭华民.治理与服务:社会工作行业组织功能定位[J].社会工作与管理,2015,15(1):27-32,89.

社会企业的若干问题探讨[①]

刘小霞　徐永祥

社会企业是一个新兴的概念和研究领域。近20年来，国内外对社会企业的学术研究日趋繁盛，社会企业实践也日益丰富。总体看来，欧美国家关于社会企业的研究主题丰富多样，研究方法也更趋实证，在对社会企业诸多问题探讨的基础上，积累了丰富的实证材料和行之有效的研究方法。从学科上看，有公共管理学、经济学、法学及社会学等学科的积极参与，且学科之间的借鉴和融合也渐成趋势。从研究内容上看，由于各国政治体制和经济结构各不相同，分析视角各异，对社会企业的根本问题存在持续性争议和讨论，主要集中于对社会企业概念的厘定上。国内对这方面的研究则刚刚起步，多为介绍性或阐释性的文献。为了更加有效地促进我国关于社会企业的学术研究，我们有必要对社会企业的若干核心问题进行梳理。据此，本研究将围绕社会企业基本概念的厘定，从社会企业的内涵和外延两个维度，分三个层面进行详细梳理。

---

① 本文曾发表于《华东理工大学学报(社会科学版)》2013年第5期，此处收录略有修改。

一、社会企业：组织属性及目标

概念界定一直是社会企业研究中颇受争议的话题。由于欧美国家的社会企业在组织和实践活动上的诸多差异，以及相关法律规制的不同，社会企业概念难以统一。因此，现有研究大多采用欧美分别论述的方式。关于社会企业的概念，代表性的观点主要有以下几种。

社会企业一词最早是由经济合作与发展组织（Organization for Economic Co-operation and Development, OECD）在1994年提出的。OECD认为，社会企业是介于公私部门间的组织，其主要形态为利用交易活动以完成目标及财政自主的非营利组织，社会企业除采取商业企业经营手法外，也兼具非营利组织强烈的社会使命感。[1] 德富尔尼认为，社会企业具有经济特性和社会特性。从经济特性来看，社会企业具有可持续性的生产商品和销售服务、高度自治、经济风险显著、带薪雇员数量尽可能少等特征。从社会特性来看，社会企业具有一个让共同体受益的明确目的；它由一群公民发起行动；拥有的决策权不是基于资本所有权；具有参与性，受项目影响的所有人都能参与活动；只进行有限的利润分配，或者说资产锁定。[2]

然而，在实践发展过程中，双重指标观点的社会企业可行性面临许多挑战，为了解决弱势群体就业之结构性困境和追求财政支持，欧美社会企业的内涵已逐渐演化，在原先经济与社会指标外，加入公共政策（public policy）或环境（environment）指标，朝着三重底线（triple-bottom line）方向迈进。[3] 比如，英国社会企业（Social Enterprise UK；原名为英国社会企业联盟，The UK-based Social

Enterprise Coalition）在原有社会企业定义——“运用商业手段，实现社会目的”的基础上重新修订，提出“社会企业是受社会或环境目标驱动的企业”，突出保持环境永续发展的三重底线。

迪斯[4]从社会企业组织形态的角度阐释社会企业组织的属性和特征，认为应将社会企业的概念置于非营利组织的背景中，视社会企业为一种多元混合的综合体，其并非单纯为财政目标而存在。他还认为，社会企业是在纯慈善（purely philanthropic）的非营利组织与纯营利（purely commercial）的私人企业之间的连续体。金·奥尔特的可持续性发展光谱也呈现了社会企业的混合体特征。

扬从组织运作模式和组织目标的角度，认为社会企业是指采取企业的方式和商业活动，以促进社会事业（social cause）或对公共财政有所贡献为目标的组织。若从结构决策（structural decisions）的角度分析，社会企业包含两种界定方式：① 对社会公益有所贡献的企业；② 作为非营利组织通过商业化手段赚取利润。据此两种界定，社会企业乃是一个连续体组织，可分为三种组织形态：企业慈善（corporate philanthropist）、社会目的组织（social purpose organization）以及两者之间的混合型组织（hybrids）。[5]

王名、朱晓红[6]认为，社会企业兼具非营利组织和企业的双重属性，是一种介于公益与营利之间的企业形态，是社会公益与市场经济有机结合的产物，是一种具有非营利组织和企业双重属性和特征的社会组织，两者之间是内在有机统一的。赵萌[7]指出，判定社会企业社会内涵的主要标准是看其经济活动如何与组织声称的社会使命相关联，看它有怎样的社会产出和社会影响。社会企业的企业内涵在于创立人和管理团队所具备的企业家精神，及其不依赖于外部资助的可持续收入机制。

从对社会企业组织属性的论述中可以看出，相关研究分为两种情况：一种侧重于社会企业的社会目的性，把社会企业归类为第三部门的范畴；另一种侧重于社会企业的营利性。这两种情况也正体现了社会企业的组织特性，即商业手段和社会目标。更多的学者从连续体的角度阐述社会企业的混合体特征，认为社会企业是一种多元混合的连续体，难以被简单地进行单极划分。

总体来看，对社会企业的概念进行分析，可以得出社会企业内涵的基本要素：① 社会企业的根本目标是创造社会价值，即社会目标是其基本宗旨，社会使命是其存在动因；② 社会企业的多样化组织形态呈混合体特征；③ 社会企业的组织目标实现路径呈商业化特征，但经济目标产生盈余是为了更加有效地解决社会问题而非创造利润。社会企业的混合体特征展示了一种新的组织形态，经济手段和社会目标的结合体现了组织发展的可持续性，不以利润最大化为目标保证了社会企业的公益性，社会企业概念的基本元素同时体现了组织属性。[8]

二、社会企业：组织形态及边界

社会企业组织形态的多样性使得人们对其组织属性的争议最终集中在组织形态上。社会企业应该是非营利组织还是商业企业？社会企业与企业慈善、企业社会责任是否一致或如何区分？为了更加清晰地理解社会企业的特征，我们有必要对社会企业的相关概念进行辨析。

（一）社会企业与非营利组织、社会经济

基于社会企业的混合体特征，本研究对社会企业组织边界的

讨论依据金·奥尔特的可持续性发展光谱,根据社会可持续性和经济可持续性两端的组织形态分别进行对比。

要清晰界定传统的非营利组织的概念,首先必须对相近概念进行简要说明。在国内外已有的研究中,诸如非政府组织、非营利组织、社会团体、民间组织、中介组织、民办非企业单位、第三部门等概念经常被混淆使用。对这些概念不加区分地混淆使用,实际上既无助于科学研究的深化,也无益于社会政策的推进。这些概念既有内涵和外延交叉的地方,也有明确的边界。非营利组织是相对于营利性组织(企业及其他逐利机构)而言的,强调的是与企业及其他逐利机构之间的区别,即非营利性。其活动范围主要在政治领域和社会领域,以及为企业服务而自身并不营利的行业中介组织。从这个意义上而言,非营利组织和非政府组织、民间组织的概念具有交叉重叠之处。但非营利组织因其事实上存在着官办组织和民办组织两种形态之分,所以不能简单等同于非政府组织或民间组织。"社会团体""民办非企业单位"是本土化的概念,理论上都具有非政府、非营利的属性,但因为实际情况的复杂性,不能简单地被归类于非政府组织或非营利组织。第三部门是一个相对于国家(政府)、市场而言的概念,强调的是社会领域、国家领域、市场经济领域之间的区别。[9]

萨拉蒙[10]概括了第三部门的五个特征:组织性(formal)、非政府性(nongovernmental)、非营利性(nonprofit-distributing)、自治性(self-governing)和志愿性(voluntary),这些特征成为判断第三部门的基本标准。德富尔尼[2]认为,非营利部门具有如下特征:① 正式性,具有一定程度的组织化和法定特征;② 私人性;③ 自治性;④ 非分配性约束,利润不能在成员间进行分配;⑤ 对志愿活动的投入建立在成员自愿加入的基础上。

德富尔尼指出,社会经济包括合作社和相关企业、互助社团以及协会开展的经济活动。如果从法律或制度的角度进行分析,社会经济可以分为三类企业或组织:合作社类型的企业(cooperative-style enterprise)、互助社团类型的组织(mutual-type organizations)和协会类型的组织(association)。如果从各类组织共有的原则和特征的角度进行分析,这些组织的基本准则表现如下:① 为成员或共同体服务,而不是为了创造利润;② 独立进行管理;③ 拥有民主的决策过程;④ 劳动力在收入分配中优于资本。非营利部门和社会经济都是按照它们的基本结构和组织规定界定的,对市场收入、政府补贴或其他资源没有任何限制或要求,两者在组织目标设定、组织控制及利润分配三个领域存在明显差异。社会经济和非营利部门并不能单一地概括社会企业的组织特征,也不能反映社会企业的动态演变性。

美国社会企业联盟区分了社会企业明显不同于非营利组织和政府机构的三个特点:① 直接应对社会需求,服务公益;② 商业活动是强大收入来源;③ 公共利益是首要目标,这是组织本身属性决定的。早期的社会企业运动主要是非营利组织使用商业模式和策略,赚取利润,完成组织使命。如今,社会企业也包含了社会目标的营利性企业。美国社会企业联盟认为,组织使命是首要的和根本的,组织形式只是一种策略性选择,只要能最大限度地实现社会使命即可。社会企业被认为是介于传统的政府部门、非营利组织和商业之间的中间部门,比政府更加有效率,比非营利组织更加具有可持续性和创造性,比商业企业更加慷慨(generously)。因此,社会企业以其具有自我可持续性及以市场为基础的商业化手法,有效地回应了社会需求。

尤努斯[11]从实践发展的角度区分了社会企业的两种类型。① 企业关注社会福利,而不是所有者的利润最大化;社会企业为追求社会福利的投资者所有,投资者追求心理、情感和精神上的满足,而不是财务收益;企业本质在于创造社会福利。任何能够实现这些目标、通过产品或服务销售收回成本、不为投资者分红的企业形式都可被归为社会企业。② 由穷人或弱势群体所拥有的利润最大化企业,社会福利通过企业分红方式获得,帮助穷人减贫或脱贫。企业本身由穷人或弱势群体(根据一定标准定义并由企业主管实施)所有,企业运营产生的收益用于帮助穷人。企业所提供的产品或服务不一定创造社会福利,其创造的社会财富体现在所有制结构中。尤努斯认为,社会企业能同时为穷人提供两种效益:一是根据所提供产品或服务的性质,产生社会福利;二是为穷人或弱势群体所有。尤努斯社会企业的分类实践为辨识和理解社会企业形态提供了更加直观的思路。

可见,社会企业并不是非营利组织或社会经济的一个新发展,而是超越了这两个概念的一种新的组织形态。三重底线的引入,更加丰富了社会企业的内涵和发展实践。社会企业的动态性也提醒我们思考:非营利组织要获得可持续性发展,在多大程度上可能或者必须引入竞争机制?社会经济的哪些要素可以被吸收到社会企业的发展中来?对于理解社会企业的兴起及组织形态,这些都是值得深入探讨的问题。

(二)社会企业与商业企业、企业社会责任

1. 社会企业与商业企业、慈善机构

社会企业与传统商业企业的组织形式和管理原则基本一致,

但目标不同。与商业企业一样，社会企业也需要雇用员工、生产商品或提供服务，并按照一定的价格将服务提供给消费者；关注能够带来社会效益的产品生产和服务提供，也以收回成本为目标，通过对产品和服务收取一定费用或指定价格来实现。但社会企业的潜在目标及评价标准与商业企业存在根本性差别。商业企业的基本原则是利润最大化，社会企业的评价标准则是为企业相关人员的生活带来福利[11]。迪斯从动机、方法、目标及利益相关者的角度，区分了传统的非营利组织、社会企业和营利性企业。[4]

社会企业作为企业进入市场并参与竞争，将市场经济的竞争优势和原则引入社会改善的过程中，为社会问题的解决带来积极效应，提供了解决弱势群体需求的多元化思路。社会企业与慈善机构相比，两者的组织目标和运作方式完全不同，能否可持续地收回全部成本是一个重要区别。回收成本是社会企业的关键点。在尤努斯看来，只要项目需要外来资助或援助来弥补一定损失，这种项目就应该被列入慈善的范围，当且仅当一个项目能够可持续地收回全部成本、成为一个企业时，才可被称为社会企业。因此，社会企业不是慈善机构，而是真正意义上的企业。一个由社会目标驱动的企业只有克服了资金依赖才能获得更大的发展空间，才能自我维持并获得无限的发展机会，同时带来社会效益的提升。

2. 社会企业与企业社会责任、企业慈善

企业社会责任（corporate social responsibility, CSR）理念最早出现于20世纪初的美国，其概念界定并不统一。目前国际上普遍认同的CSR理念是，企业在创造利润、对股东利益负责的同时，还要承担对员工、社会和环境的责任。[12]

我国学者从管理学、法学、伦理学及社会学等不同学科角度，对企业社会责任进行界定，对企业是否要承担及如何承担社会责任进行讨论，并提出了推进企业履行社会责任的对策。王加灿[13]认为，企业的社会责任实际上就是对与企业有密切关系的利益相关者承担责任，尽可能满足各种利益相关者的愿望和要求。崔新健[14]指出，企业社会责任是一个复合属性的概念。企业的角色是界定企业社会责任概念的切入点。企业是责任的主体，企业社会责任的概念应该从企业的角色切入，明确其社会责任的范畴及评价。企业责任包括经济责任、法律责任和社会责任。经济责任是企业的根本责任，是企业存在的前提。法律责任是企业的基本责任，是企业生存的前提。社会责任是企业的自律责任，是影响企业发展的变量。社会责任是一种选择性责任，是非强制性的责任，做得好有利于企业的发展，不履行社会责任不一定会影响企业的经营绩效。由此可见，企业社会责任并非企业运行的必然要求，这与社会企业存在根本区别。

奥尔特依据组织目标，区分了社会企业和企业社会责任。他认为，营利是社会企业和兼具社会责任的营利企业的基本目标，而社会价值则是社会企业和参与创收的非营利组织的基本目标。这是区分组织价值和活动的核心。社会企业有别于企业社会责任，社会企业在兼具经济和社会目标的同时，体现了可持续性。

笔者认为，首先要明确企业和社会企业本质目标的不同。企业在发展的过程中，被要求以不危害社会为原则，在追逐利润的同时，能有益于社会或回报社会。应该明确的是，企业社会责任是企业经营的一部分。从根本上说，企业管理者要对企业所有者（股东）负责，利润最大化是企业的根本目标。尤努斯也指出，那些追求企业社会责任的公司，只有在企业社会责任不影响公司追求利润最大化的时候,才会进行与企业社会责任有关的活动。当社会需求和获得更高利润的机会重合时,追求利润和企业社会责任才能取得一致;不重合时,获得利润优先于企业社会责任,因为公司管理者要对股东负责,公司的唯一底线是财务或利益。因此,企业社会责任的根本性问题和企业的本质相联系。成立企业的本质并非是为了解决社会问题,而是追逐利润。社会企业的本质则是社会目标。

就企业慈善而言,从组织形态的角度,扬认为,社会企业是指营利企业运用部分资源,促进社会事业发展,提升公共形象。从根本上来说,企业慈善组织(corporate-philanthropist organization)是商业企业,其底线是营利。作为以营利为目的的企业,企业慈善的设计是为了公司更加有效地运转。企业慈善采取企业经营策略,依据“开明的自利”(enlightened self-interest)准则运作。[5]史密斯也认为,企业慈善在本质上仍是营利性企业,其从事的慈善活动是一种企业战略,是策略性慈善(strategic philanthropy)。因此,企业慈善捐赠是企业自愿将部分所得无偿捐献给社会的一种道德行为,企业慈善的概念内涵要小于企业社会责任,企业慈善可以被看作企业社会责任行为的一部分。

由此可见,企业社会责任不能简单地等同于企业慈善或社会企业。企业社会责任主要关注的是企业的经营行为及对周围社会的影响。企业在追求利润的同时,兼顾社会责任,实现企业可持续发展,其根本目标是利润最大化。社会企业在遵循市场规则的同时,遵循社会利益原则,追求的是社会目标的实现。企业慈善行为并不必然与企业经营有关,也不代表企业基本的或必需的职责,只是一种企业战略。

3. 社会企业与国有企业、社会福利企业

在中国语境下，与社会企业相近的组织形式还有国有企业和社会福利企业。这两者也成为社会企业实践讨论中频繁出现的名词。国有企业是一种特殊企业，它的资本全部或主要由国家投入，归国家所有。国有企业作为一种生产经营组织形式，同时具有营利和公益的特点。营利性体现为追求国有资产的保值和增值，营利法人不仅有营利目的，而且利润在成员间进行分配，国有企业实行国营时，利润上缴国家；公益性体现为国有企业的设立通常是为了实现国家调节经济的目标，这些国有企业的开办主要不是为了营利，而是为了国民经济的总体和长远发展或者其他方面的国家和社会利益，政府的意志和利益决定了国有企业的行为。

社会福利企业是集中安置有劳动能力的残疾人就业的特殊性经济组织，其福利特征表现为安置残疾人的人数按政府规定占企业生产人员总数的一定比例。社会福利企业享受国家税收减免政策，企业利润主要用于扩大再生产、职工的集体福利设施和奖金，有条件地提取少部分用于社会福利事业。社会福利企业按照所有制分为全民所有制和集体所有制，兴办主体有民政部、街道、乡镇、或残疾人个体。应该明确的是，国有企业的社区投资以及配套设施建设等行为应该归入企业社会责任的范畴，这是特定经济社会体制下的特定企业行为。社会福利企业直接雇用残疾人和下岗人员，帮助弱势群体就业等行为，属于企业经营活动的范畴。虽然和社会企业活动有交叉的地方，但还不能因此把社会福利企业简单归入社会企业的范畴。社会企业是一种私人行为，而国有企业和传统的社会福利企业则是政府行为。社会企业、国有企业与社会福利企业相比，在企业的行为主体、目标设定和利润分配方式方面存在明显差别，因此，中国语境下的国有企业、社会福利企业和现代意义上的社会企业存在明显区别。但是，传统的社会福利企业能否或者如何在现有的社会体制和经济转制条件下实现转型，重新发挥其参与社会事业和服务的角色，值得我们思考。

综上，社会企业、非营利组织与商业企业相比，在组织目标及动机、价值导向及使命方面存在差异。就组织目标而言，传统非营利组织的组织目标较单一，因而商业化程度和对经济目标的关注度、投入度低，商业因素不明显；经济目标是商业企业的首要目标，追逐利润的最大化是商业企业存在的根本原因，企业社会责任则是企业策略的一种整合；社会目标是社会企业的根本目标，社会企业的经济目标则是企业的产品和服务本身及财务的可持续性，而非利润的最大化。尽管有学者认为社会企业所采取的组织机制并不十分重要，但组织使命和组织目标相联系，成为社会企业与商业企业的一个重要区别。社会使命和价值是社会企业所追求的根本目标，商业企业则是利润最大化导向的。社会企业采用更加灵活的运行机制，帮助弱势群体摆脱对国家和福利的依赖，促进社会公平和正义，代表了一种组织发展的新趋势。

三、社会企业：营利与分红

在对社会企业内涵及边界的讨论中，笔者发现，社会企业的利润及分配方式成为社会企业概念界定争议的一个核心问题。对此问题的讨论，既可以帮助我们更深刻地理解社会企业的内涵，也可以帮助我们更加清晰地理解社会企业的发展实践。

（一）社会企业：营利还是非营利？

社会企业的可持续性要求社会企业要通过商业手段或运作赚取利润，维持组织永续发展，因此营利是社会企业不可回避的重要议题。对于社会企业是否可以营利，以及利润的流向和分配问题再次成为厘清社会企业概念的核心问题。安德森和迪斯明确表示，营利并不是社会企业的要点和本质，社会企业的主要目标是寻找新的和更好的方式以建立和坚持社会价值。佩斯托夫[15]指出，社会企业蓬勃发展，逐渐成为公共服务的重要替代者。社会企业不以利润最大化为目的，具有清晰的社会目标，能提供更多的就业机会，吸纳更广泛的公民参与，促进社会福利的变革。英国政府也指出，社会企业是一个商业组织，它以社会为主要目标，其利润所得主要用于对社会目标的支持性投资或对社区的直接投资，而不是为了股东或所有者的利益最大化，它们的资产锁定为社会目的。

由此可见，营利可以维持社会企业的可持续发展，但组织的主要目标是社会目的和价值，而非追求利润。社会企业可以营利，但社会企业是目标驱动型企业而不是利润驱动型企业，具有改变社会的潜能。利润对社会企业同等重要，社会企业应该获得利润，企业盈余能够帮助社会企业进一步扩大规模，使更深层次的低收入人群获益。

（二）社会企业：是否分红？如何分红？

社会企业的分红问题，即利润分配方式问题，也直接指涉社会企业的组织目标。那么，社会企业是否分红？如果可以分红，将如何分红？资金的流向和利润分配又是怎样的？

德富尼尔指出，社会企业受有限利润分配的限制，其仅在有限程度上分配利润，避免利润行为的最大化。[2]从这一点来看，社会企业和非营利组织具有一致性,但也有差异。非营利组织同样受非分配性约束的限制,不能将利润分配给成员、董事会或任何所有者,禁止任何形式的利润分配,所得收入用于组织的扩大化经营。社会企业的分红是一种限制性分红。尤努斯把社会企业定义为一种"无亏损、无分红企业"。社会企业获得的利润会被进一步用于企业投资,最终,利润通过提供低价格、优质服务等方式传递给目标受益群体。

对于社会企业的利润分配,政府和实务界也从社会企业发展实践的角度做了相关论述。香港特别行政区政府认为,社会企业是为达致特定社会目的的商业活动。例如,提供社会所需的服务(如长者支援服务)或产品、为弱势社群创造就业和培训机会、保护环境、利用自身赚取的利润资助其辖下的社会服务等。社会企业所得利润主要用作本身业务的再投资,以达到既定的社会目的,而非分派给股东。香港扶贫委员会通过明确社会企业的组织特征,对其利润分配方式有明确的说明。其认为社会企业主要包含以下特点:① 同时追求商业及社会目的,这是社会企业的特色。② 从事商业或贸易活动,这是社会企业与传统社会福利企业的区别。③ 具有非营利性,即社会企业的基本定位是达致社会目的,而非赚取最大利润。虽然不同的法律形式可以让经营者在某种程度上分享收入,但利润所得应主要用于企业或社会。台湾地区立法机构则将社会企业称为"社会企业经营化活动",指为赚取利润以履行社会目的而进行的任何业务活动或策略。

对于社会企业的利润分配方式,我国民政部社会组织管理局认为,社会企业透过商业手法运作,赚取利润用以贡献社会,所得盈余用于扶助弱势群体、促进小区发展及社会企业本身的投资。

社会企业重视社会价值,多于追求最大的企业盈利。社会企业的基本特征主要表现在不以盈利最大化为目标,但又要追求盈利。

由此可见,社会企业是营利性的,但营利的动机和利润的分配方式都是围绕着社会企业的社会目标进行的。这也再次证明了社会企业与传统商业企业的区别,体现了社会企业的目标驱动型特征。

四、结语

在社会企业的研究中,概念界定一直颇具争议性,学者们对其进行了不同角度的论证。要想界定社会企业的基本概念,首先要对两个关键性问题做出回应:一是由社会企业的混合体特征而引发的组织属性争论;二是社会企业的组织边界讨论。对于社会企业的未来发展,我们应该明确的是,如何建立社会企业本土化的发展机制,推动社会企业相关政策发展和制度支持,探索社会治理体制的改革和创新,促进社会企业的进步和社会影响力的提升,以及社会企业应该建立什么样的合法化结构,提升市场竞争力和公益创新能力,引导社会企业的公益化和规范化发展等,这些将是社会企业研究领域和实务领域的重要课题。

参考文献

[1] OECD. The non-profit sector in a changing economy[M]. OECD Publishing, 2003.

[2] DEFOURNY J. From third sector to social enterprise[J]. The Emergence of Social Enterprise, 2001.

[3] 郑胜分,王致雅.台湾社会企业的发展经验[J].中国非营利评论,2010,6

(2): 32 - 59.
[4] DEES J G. Enterprising nonprofits[J]. Harvard Business Review, 1998, 76 (1): 54 - 67.
[5] YOUNG D R. Organizational identity in nonprofit organizations: strategic and structural implications[J]. Nonprofit Management and Leadership, 2001, 12 (2): 139 - 157.
[6] 王名,朱晓红.社会企业论纲[J].中国非营利评论,2010,6(2): 1 - 31.
[7] 赵萌.社会企业战略: 英国政府经验及其对中国的启示[J].经济社会体制比较,2009(4): 135 - 141.
[8] 刘小霞.社会企业研究述评[J].华东理工大学学报(社会科学版),2012, 27(3): 9 - 22,56.
[9] 徐永祥.和谐社会建构中的民间社会组织及其社会政策[J].学海,2006 (6): 57 - 61.
[10] 莱斯特·M.萨拉蒙,等.全球公民社会: 非营利部门视界[M].贾西津,译.北京: 社会科学文献出版社,2007.
[11] 穆罕默德·尤努斯.新的企业模式: 创造没有贫困的世界[M].鲍小佳,译.北京: 中信出版社,2008.
[12] 王茂林.构建和谐社会必须强化企业的社会责任[J].求是,2005(23): 17 - 19.
[13] 王加灿.基于生命周期理论的企业社会责任管理[J].企业经济,2006 (5): 63 - 65.
[14] 崔新健.企业社会责任概念的辨析[J].社会科学,2007(12): 28 - 33.
[15] PESTOFF V A. Beyond the market and state: social enterprise and civil democracy in a welfare society [M]. Aldershot: Ashgate Publishing Company, 1998.

国际视野下第三方参与慈善组织评估的机制研究[①]

徐永祥　潘　旦

一、前言

改革开放以来，我国各类慈善组织在慈善捐助、社会救济、公共服务等各项公益事业发展中发挥着特定的重要作用，逐渐成为社会和谐与稳定的重要推动力量。但与此同时，我国慈善组织在发育过程中也出现了很多问题，如项目运作不当、资源获取不足、内部监管不力等，其后果是慈善组织失去公信力，社会慈善意愿下降。根据2013年中民慈善捐助信息中心发布的《2012年度中国慈善捐助报告》，2012年全国接受国内外社会各界的款物捐赠总额约817亿元，占我国GDP的0.16%，人均捐款60.4元，捐赠总量与2011年相比下降3.31%。在此背景下，构建第三方评估主体以规范慈善组织的组织行为已成重要议题。

---

① 本文曾发表于《江西社会科学》2014年第8期，此次收录略有修改。本文发表时，《中华人民共和国慈善法》尚未颁布，因此有关问题是在这一背景下提出的。

回顾我国第三方评估研究文献,可发现研究内容涉及第三方评估的构成、功能、问题及对策等方面。第一,构成研究。陆明远认为,第三方评估主要由公民个人、社会团体、社会舆论机构、中介评估机构等组成。[1]包国宪则认为,第三方评估由受行政机关委托的考核机构、专业考核组织、社会组织和公众等考核主体构成。[2]第二,功能研究。程祥国、李志认为,第三方评估打破官僚评估的封闭性,推动公民参与的兴起。段红梅认为,第三方评估为公民参政议政找到了切入点。[3]第三,问题及对策研究。陆明远认为,第三方评估在后续发展中要实现制度规范化、信息共享化、水平专业化。[1]王春英认为,第三方机构的发展需要政府的支持和参与,需要引入科学评估方法,并重视法规建设。刘婷认为,第三方评估面临行政干预及资料获取困难等问题,因此应规范法律体系,完善评估资料,避免行政干预。[4]回顾文献可见,我国第三方评估研究仍处于初始阶段,细化的研究成果还比较少。有鉴于此,本研究认为可进行第三方机构参与慈善组织评估的机制研究。在分析我国第三方机构参与慈善组织评估现状的基础上,借鉴其他国家第三方机构的慈善评估机制,探讨我国第三方机构参与慈善组织评估的有效路径,从而推动我国慈善组织的可持续发展。

二、我国第三方机构参与慈善组织评估的现状

我国第三方机构参与慈善组织评估始于 1997 年,中国青少年发展基金会于 1997 年正式委托中国科技促进发展研究中心(现中国科学技术发展战略研究院)对希望工程进行评估。与此同时,在政府社会管理创新的背景下,一些地方政府开始通过第三方机构

对所资助的社会服务项目进行评估。在日益增多的评估活动中，我国产生了三种第三方评估模式——科研机构评估、专业公司评估、社会组织评估。科研机构评估是指高校、研究所等科研机构接受委托方委托，对慈善组织或慈善项目进行评估。科研机构第三方评估始于1998年，中国社会科学院公共政策研究中心曾对天津鹤童老人院及上海浦东新区罗山市民会馆进行了评估。专业公司评估是指由商业评估机构作为被委托方对慈善组织进行第三方评估。北京零点研究集团和北京锐智阳光信息咨询有限公司就属于此类评估主体。社会组织评估是指由专门从事评估工作的社会组织作为第三方对慈善组织及项目进行评估，如上海的新力社会公益项目评估事务所、深圳的现代公益组织研究与评估中心，均是专业从事慈善组织及项目评估的社会组织第三方机构。

上述资料显示，我国已经在实践中孕育了一批第三方评估机构，并对慈善组织的规范发展产生了一定的监管作用，但由于处于起步阶段，目前我国第三方机构在参与慈善组织评估过程中还存在一些阶段性问题。

（一）第三方评估机构缺乏制度保障

第三方机构参与慈善组织评估是一种社会自发行为，直到2011年，我国才出台与慈善组织评估相关的政策文件——《社会组织评估管理办法》。该文件的出台意味着慈善组织评估工作有了全国性的正式法律依据。虽然该文件赋予慈善组织评估活动以合法性，但是没有明确第三方评估机构的准入机制和合法地位。在此种制度设计下，政府或准政府部门成了慈善组织评估的主体，第三方机构却因无准入机制逐渐失去评估资格。

（二）第三方评估机构缺乏信息来源

信息是科学评估的基础，但我国第三方机构与慈善组织间存在信息不对称的现象。首先，信息公开缺乏法律强制性。我国关于慈善组织信息公开的法律规定仅限于《基金会管理条例》等行政法规的个别条目，规定简略且缺乏可操作性，也无相应的问责机制和惩处措施。其次，信息公开缺乏行政监管。我国对慈善组织实行双重管理体制，登记管理机关通过登记注册控制入口关，此后仅在年检时对慈善组织进行信息检查，而业务主管单位并不负责对慈善组织的信息进行检查。同时，两个管理部门都未对慈善组织的信息公开做出明确规定。

（三）第三方评估机构缺乏资金独立性

第三方评估机构只有保持价值中立才能保证评估的公正性，而价值中立的前提是运营资金的独立。但就目前而言，我国第三方机构的资金主要来自服务对象，如政府机构或慈善组织。而资金依赖政府会使第三方机构在评估过程中遭遇行政权力障碍，资金依赖慈善组织则使第三方机构的评估结果引发公众质疑。

（四）第三方评估机构缺乏评估技巧

慈善组织评估是技术性和专业性的研究活动，而我国第三方机构目前还缺乏科学的评估方法。科研机构的评估方法多数偏重宏观性的定性指标，缺乏定量标准；专业公司的评估偏重经济指标，关心慈善项目的直接收益，很少深入分析慈善项目的社会影响；而社会组织评估则依据服务对象的要求制定评估指标，不能完全体现评估的公正性。因此，第三方评估机构的评估能力还有待提升。

实质上，其他国家的第三方机构在发展历史中都曾存在上述问题，因此适当借鉴国外第三方机构的发展经验，将有助于完善我国第三方机构参与慈善组织评估的机制。

三、国外第三方机构参与慈善组织评估的实践及启示

由于社会结构、文化习惯、社会需求及慈善组织发展规模的不同,不同国家的第三方机构参与慈善组织评估的模式各不相同。本研究将选择美国、英国、法国等慈善组织较发达的国家开展的第三方机构评估模式进行比较研究,分析各种模式的异同及利弊,依据国际经验提炼出我国第三方机构参与慈善组织评估的合理路径。

(一)美国——民间主导型第三方评估

20 世纪 90 年代,美国发生了严重的慈善丑闻事件。在此背景下,美国一批第三方评估机构因需而生,通过各类评估方法对慈善组织进行绩效评估,以提升慈善组织的社会公信力。美国知名的第三方评估机构在评估周期、评估指标和评估范围方面各不相同,但总体而言,美国第三方评估具有以下三方面特点。

第一,评估信息公开化。美国大部分评估机构的信息来源于两个方面。一是官方数据表——"990 税务表"。"990 税务表"作为慈善组织税务申报的分类标准,除了宗教组织外所有年总收入超过 5 000 美元的慈善组织都要在国税局登记,而年总收入超过 2.5 万美元的慈善组织都必须每年向国税局提交详细记载年度收支的税务报表("990 税务表")。二是慈善组织自行提供的各类信息。由于美国一些大型的第三方评估机构在引导公众慈善捐赠方面有较大影响力,因此慈善组织为了获得资金来源往往主动向第三方机构提供信息以获得评估。

第二，评估模式多样化。美国的第三方评估机构可分为三类运作模式。一是大众点评模式，即第三方机构构建评价慈善机构的网络互动平台，受助人、捐助人、志愿者等各类社会公众群体均可在网络平台上留言或发表照片以评价慈善组织，如美国的卓越非营利组织（Great Nonprofits，GN）就采取此类评估模式。二是专业认证模式，即慈善组织主动向第三方机构提出认证申请，评估机构依据有关标准对提出申请的慈善组织进行评估，并向评估合格者颁发具有一定时效的资格认证证书，如成立于1992年的马里兰优秀非营利标准联盟就采取此类评估模式。三是评估排名模式，即第三方机构依据指标系统对慈善组织的经济效率、管理能力等各类表现进行考核，然后逐项或综合排名，如成立于2001年的慈善导航（Charity Navigator）就是美国此类最大、最有影响力的慈善评估机构之一。[5]

第三，评估资金独立性。为了保持机构的独立性，美国的第三方机构不接受任何受评估的慈善组织及其捐助者的捐款，其运行资金主要来自理事会捐款、公众募集、评估费用及信息售卖。

（二）英国——政府主导型第三方评估

英国慈善组织评估活动起步于20世纪60年代，当时的英国社会不断出现慈善组织资金丑闻及不合法活动的投诉，从而激发了评估慈善组织的社会需求。英国对慈善组织的评估以准第三方机构为主，以独立的第三方机构为辅。准第三方机构是成立于1860年的慈善委员会，该委员会虽然是政府机构，但不隶属于任何部委，因此可被称为准第三方机构。慈善委员会负责慈善组织的注册评估、风险评估、资产评估。独立的第三方机构主要是英国社区联合会和英国明智捐赠（Intelligent Giving）。英国社区联合会是为公众服务的机构，主要负责评估慈善组织的经济效率和组织行为；2005 年成立的英国明智捐赠的主要工作是开展慈善组织排名服务。英国的第三方评估机构并不十分发达，但也具有一些特色。

第一，信息公开分层制。英国慈善组织信息公开的程度与组织规模相关，如英国慈善委员会对慈善组织的信息报送制度实行分层管理。慈善委员会的年度报表有蓝、紫、红三种颜色，不同年收入的慈善组织填写不同规格的报表。

第二，评估模式较简单。英国的评估模式主要为两种。一是准第三方机构。慈善委员会的评估应属于资格认证评估，因为只有通过慈善委员会的注册评估，慈善组织才能获得在英国开展组织活动的资格。而一旦被调查发现有违规行为，就会被取消资格。二是独立第三方机构。其依据指标系统对慈善组织进行评估或排名，从而引导公众捐赠行为。

第三，评估资金来自政府和公众。作为英国主要的评估机构，英国慈善委员会的评估资金来自官方财政拨款，而其他独立第三方机构则是依靠公众募捐。

（三）法国——行业主导型第三方评估

影响法国慈善机构监督机制的重大事件是 1996 年的“癌症研究所”贪污丑闻，这次丑闻给慈善组织的监管问题敲响警钟。目前，法国有两家第三方评估机构对慈善组织进行评估监管，分别是慈善研究中心和慈善行业标准委员会。慈善研究中心是独立的第三方机构，该组织可以对慈善组织及其项目开展联合性评估，也可以单独接受慈善组织的邀请开展单独性评估。慈善行业标准委员会也称宪章委员会，负责依据“章程”的行业标准对委员会成员进行认证评估。慈善组织自行向慈善行业标准委员会成员大会提出认证请求，随后提交经专业会计审核的财务报告及年度工作总结，慈善行业标准委员会理事会请专业的志愿人员对上述材料进行评估，评估合格的慈善组织将获得“慈善行业标准委员会认定善款善用”这一认证标志，评估不合格者将无权使用认证标志并自行离会。该认证标志的更新年限为每3年一次，严谨的评估程序及公正的评估结果使慈善行业标准委员会的认证极具权威。

纵观欧美国家第三方机构参与慈善组织评估的发展历史，不难发现一些共同特点，而这些特点将给予我们一些启示。第一，第三方机构的发展时机。各国都是在慈善组织行为失范的背景下启动或加强了第三方机构独立监管机制的建设。美国、英国和法国在慈善组织蓬勃发展期间都曾出现过慈善丑闻，影响了慈善组织公信力，导致民间慈善捐赠减少。为了重塑慈善形象，各国慈善行业组织或公众自发组建了各类第三方机构，重建慈善信任体系。第二，第三方机构的发展模式。欧美国家的慈善事业发展历史及发展程度各不相同，而社会文化及政治理念差异也较大，因此第三方机构发展模式也呈现多样化格局。可见，第三方评估模式的确立应依据本国的历史传统、社会文化及政治理念，不能简单效仿某一国家的某种模式。第三，第三方机构的影响因素。欧美国家第三方机构在多种因素作用下获得蓬勃发展，其中的核心因素分别为信息公开程度、机构评估技术及资金获取能力。只有解决好这三方面的影响因素，第三方机构才可能得以生存及发展。

四、优化我国第三方机构参与慈善组织评估的路径

通过第三方机构参与慈善组织评估的国际比较，我们可以归纳

出第三方机构参与慈善组织评估机制建设的一些国际共性。下面我们将探讨如何优化我国第三方机构参与慈善组织评估的路径。

（一）政府：政府授权，民间主导

从不同国家或地区的评估实践来看，基于不同文化与历史、不同法律和政治体制，第三方评估模式不太相同。而我国现有第三方评估尚处于自发且较混乱的状态，并且在慈善组织及公众心目中缺乏公信力。造成这一状况的原因可能是第三方机构缺乏合法性地位，而获得合法性地位需要政府的政策授权。因此，政府应在政策层面积极介入第三方评估机构，通过政策明确其合法性，由其独立开展慈善组织评估事务。要确立"政府授权，民间主导"的评估模式，政府应当从以下几方面入手。第一，政府应从法律上明确第三方评估机构的评估地位。在今后出台的"慈善法"及慈善组织管理的其他条例中明确第三方评估机构的准入条件、合法地位，从法律层面解决第三方评估机构的合法性问题。第二，为了促进第三方评估机构的发展，政府应该对其建立监管机制，包括准入制度、程序制度及公开制度等方面的建设。第三，政府应以法令形式要求具有募集资格的慈善组织全面公开组织信息，建设覆盖全社会的慈善信息公开网络系统，从而使第三方机构能够依据充分的慈善信息进行科学评估。第四，政府应及时运用评估结果实施奖惩机制。对于评估合格及优秀的慈善组织，政府应给予精神及物质双重奖励。而对于评估不合格的慈善组织，政府应施加惩戒，轻者勒令整改，重者直接关闭。只有奖惩分明才能形成秩序，从而使我国慈善事业得以良性发展。

（二）第三方机构：资金多元，评估科学

与欧美国家相比，我国第三方评估还处于自发和半自发状态，要真正充当慈善事业发展领域的仲裁者角色，第三方机构在发展中还需要注意如下几个方面。

第一,建设公益资金。稳定的独立资金是维系第三方评估机构正常运行的基本条件,只有具备这一条件,第三方机构才能在价值中立的前提下进行客观评估,从而保证评估结果的科学性和公正性。依据国外第三方机构的发展经验,独立第三方机构一般不接受任何评估对象及其捐助者的捐款,其资金来源一般是公益资金,如美国具有较强公信力的第三方评估机构——慈善导航。该机构为了获取评估独立资金成立了慈善导航基金会,为慈善导航募集评估独立资金,从而保证了慈善导航的独立性。因此,我国第三方机构也应积极倡导建立评估公益资金。第二,提高专业水平。我国第三方评估机构应多了解、多学习国际上的评估技术和方法,并在实际工作中加以运用,探索符合我国国情的评估方法。同时,第三方评估机构应优化人才队伍,完善评估流程,提升评估能力。第三,拓宽信息来源渠道。第三方机构应拓宽评估信息的来源渠道,以做出准确、科学的评估。第三方机构一方面可以从政府机构、慈善组织处获取登记、财务、项目、人事等常规信息,另一方面也可以从公众那里获取慈善组织的违规信息或评价信息,如可以设立网络举报或评价板块,鼓励公众监管慈善组织的公益行为。

(三)社会:媒体宣传,公众参与

要提升第三方评估机构的社会认可度,还需要新闻媒体的宣传及社会公众的积极参与。大众媒体是对慈善组织实施社会监督的重要媒介。近几年,我国媒体在慈善组织监管方面发挥了重大作用,一系列慈善违规事件都是在媒体追踪中得以曝光的。因此,大众媒体作为公众舆论的重要传播途径,应在我国慈善组织第三方评估机制建设中发挥宣传功能。[4]媒体应加大对第三方评估机构的宣传，提高社会对第三方独立评估的认知度。同时，媒体应积极报道第三方评估结果，宣传优秀慈善组织的典型事例，公布不合格慈善组织名单，引导公众正确、高效地选择捐赠对象，帮助优秀的慈善组织树立社会公信力。公众是第三方评估的原始推动力，应在资金及信息方面为第三方评估机构的发展提供支持。资金援助是第三方机构得以维系的基石，而信息援助则是第三方机构评估公正性的保证。根据国外经验，公众的举报及评价是评估信息的重要来源。因此，我国公众应增强慈善公益维权意识。公益维权是相对于传统的"私益维权"而言的，旨在表达和保护社会公共利益的维权行为。例如，公民揭露某些慈善组织侵占善款、项目缩水等违规信息就是公益维权行为。我国公众应通过第三方评估机构提供的合法途径提供维权信息，以彰显公益维权精神。

五、结语

我国历来就有优良的慈善传统，慈善事业的蓬勃发展能够解决当前社会发展中的一系列问题，保证社会的良性运行。而今我国慈善组织遭遇了严重的信任危机，因而有效提升慈善组织的社会公信力已成当务之急。因此，我国应适当借鉴别国经验，形成与我国慈善事业发展相适应的第三方机构参与慈善组织的评估机制，促进慈善组织的良性发展，引导公众的慈善行为，使社会形成持续的慈善动力。

参考文献

[1] 陆明远.政府绩效评估中的第三方参与问题研究[J].生产力研究，2008

(15)：121－122,155.

[2] 包国宪,张志栋.我国第三方政府绩效评价组织的自律实现问题探析[J].中国行政管理,2008(1)：49－51.

[3] 段红梅.我国政府绩效第三方评估的研究[J].河南师范大学学报(哲学社会科学版),2009,36(6)：47－51.

[4] 刘婷.独立的第三方进行政府绩效考核成因、难点及其对策分析[J].金卡工程,2008,12(9)：66－67

[5] 沈慎.美国慈善组织评估机构概述[J].社团管理研究,2012(2)：40－43.

国际比较视野下的慈善组织监管机制研究①

潘　旦　徐永祥

一、引言

20 世纪 70 年代，第三部门在全球范围内兴起，引起了国际学术界的高度重视。20 世纪 90 年代，作为第三部门重要主体之一的慈善类社会组织也在我国出现并迅猛发展。1993 年 1 月 8 日，吉林省慈善总会在长春市成立。1994 年 4 月 2 日，中华慈善总会在北京诞生了，这是中华人民共和国成立以来第一个全国性民间慈善组织。[1]对于慈善组织在全球范围内的蓬勃发展，主持过一项覆盖 40 多个国家的慈善组织国际比较研究项目的美国学者萨拉蒙认为："我们正置身于一场全球性的'社团革命'之中，历史将证明这场革命对 20 世纪后期世界的重要性丝毫不亚于民族国家的兴起对于 19 世纪后期的世界的重要性。"[2]进入 21 世纪以后，我国各种慈善组织在慈善捐助、社会救济、公共服务等各项公益事业发展

---

① 本文曾发表于《华东理工大学学报（社会科学版）》2015 年第 1 期，此次收录略有修改。本文发表时，《中华人民共和国慈善法》尚未颁布，因此有关问题是在这一背景下提出的。

中发挥着特定的重要作用。但与此同时，对慈善组织的有效监督也成为一个重要问题。不断出现在公众视野里的慈善丑闻严重伤害了慈善组织的公信力，影响了公众的慈善意愿。众所周知，公信力是慈善组织生存的第一要件，现阶段中国的慈善组织面临着重塑公信力的严峻形势。因此，本研究将在分析我国慈善组织监管机制现有问题的基础上，借鉴其他国家慈善组织的监管制度，探讨构建我国慈善组织监管的有效路径，从而推动我国慈善事业的可持续发展。

二、我国慈善组织监管机制的基本设计

我国自古以来就有慈善救济活动，如济贫赈灾、施医赠药、育婴恤老和助学助丧等。中华人民共和国成立以来，我国慈善事业是由政府主管的，资金主要来自政府财政。直到 20 世纪 70 年代末，我国政治、经济、社会体制的改革为慈善组织的发展提供了一定成长空间，一些慈善组织相继成立，如 1981 年中国儿童基金会成立，1985 年爱德基金会成立，随后各类慈善组织相继成立。截至 2011 年年底，全国各级慈善组织达到 1 782 个，全国的慈善捐赠额达到 845 亿元[3]，慈善事业呈现蓬勃发展之势。在慈善监管方面，我国慈善监管机制的基本设计是以政府监管为主，政府依靠立法、制度两种方式监管慈善组织的组织行为。

（一）立法监管

立法监管是指我国为促进慈善事业发展而颁布的一些与慈善组织相关的法律法规。目前与慈善组织相关的法律法规体系大体上可分为五个层次，即宪法、法律、行政法规、部门规章以及地方性

法规，如表 1 所示。

表 1 我国与慈善事业相关的法律法规

法律层次	制定机关或颁发部门	条 款
宪法	全国人民代表大会	第三十五条
法律	全国人民代表大会及其常务委员会	直接相关 《中华人民共和国红十字会法》(1993) 《中华人民共和国公益事业捐赠法》(1999)
		部分相关 《中华人民共和国合同法》(1999) 《中华人民共和国信托法》(2001) 《中华人民共和国企业所得税法》(2007) 《中华人民共和国个人所得税法》(2011)
行政法规	国务院	《民办非企业单位登记管理暂行条例》(1998) 《社会团体登记管理条例》(1998) 《基金会管理条例》(2004)
部门规章	国务院下属部门	《社会福利性募捐义演管理暂行办法》(1994) 《社会福利机构管理暂行办法》(1999) 《救灾捐赠管理暂行办法》(2000)
地方性法规	各省、直辖市	《广东省社会救济条例》(1999) 《江苏省慈善事业促进条例》(2010) 《湖南省募捐条例》(2011) 《上海市募捐条例》(2012)

回顾我国现有慈善监管法律体系，不难发现我国法律对慈善行为的引导能力稍显不足，具体运作、志愿行为表现在以下几方面。

1. 缺乏专门性法规，导致立法层次低

综观我国与慈善组织相关的法律法规，可发现我国缺少一部专门性慈善法。政府部门对慈善组织的内部管理、慈善资金的募集运作、志愿行为的引导条文均散见于各个子法和条例中。由于缺乏权威、全面的专门法指引，我国慈善组织近年来不断出现丑闻。这些丑闻使慈善组织公信力不断下降，严重影响了公民对慈善事业的参与热情。因此，我国应尽快制定并出台一部规范慈善事业发展的全国性法规。

2. 免税设计不合理，降低捐赠积极性

慈善捐赠减免税政策是鼓励个体和组织慈善行为及促进慈善事业发展的一项重要政策。但就目前我国免税政策而言，其条款设计有诸多不合理之处。我国的慈善事业税收设计包括两个方面，一是慈善组织自身收益的免税，二是慈善捐赠税前抵扣资格。这两者存在隶属关系，只有慈善组织被认定为具有免税资格，向其捐赠才能获得税前抵扣资格。依据《中华人民共和国企业所得税法实施条例》《中华人民共和国个人所得税法实施条例》，企业公益性捐赠仅指向已经依法登记的公益性社会团体或是县级以上人民政府进行捐赠活动；个人公益性捐赠是指个人将其个人财物通过我国境内的合法注册的社会团体、国家机关向社会公益事业、遭受自然灾害地区的捐赠。根据上述两个实施条例，不管是企业还是个人都只有向合法注册的慈善组织进行捐赠才能获得免税资格。但是，由于我国慈善组织注册的门槛较高，大量的草根慈善组织无法获取合法身份。这就决定了这些慈善组织不能享受免税待遇，仅有少数有官方背景的慈善组织享有免税待遇，这也意味着企业和个人要想享有税前抵扣资格就只能向少数有官方背景的慈善组织进行捐赠，这显然有失公允，并影响慈善组织的公平发展。此外，企业或个人捐赠后，办理公益捐赠税前扣除的申请期限、申请材料、审核期限等规定尚不明确，同时，我国现行免税制度缺少公益性捐赠超出扣除限额后结转的条例，这就使得捐赠者必须将大额资金分年捐赠，影响了捐赠额度。上述免税制度设计的不合理之外使得公益捐赠免税难的情况日益凸显，影响了社会捐赠意愿及我国慈善资源的分配，并有可能导致慈善事业发展不充分。

与美国做一比较，可发现我国的慈善捐赠额度占 GDP 的比重较低，人均捐赠额度也较低。这里除了经济发展水平、社会文化背景等因素外，不合理的捐赠制度设计也是影响公民慈善捐赠的主要因素之一，如表 2、表 3 所示。

表 2　美国慈善事业捐赠情况（2007—2011）

年　　度	2007	2008	2009	2010	2011
总额/亿美元	3 063.9	3 076.5	3 037.5	2 908.9	2 984.2
占 GDP 比重/%	2.2	2.2	2.1	2.0	1.98

表 3　中国慈善事业捐款情况（2007—2011）

年　　度	2007	2008	2009	2010	2011
总额/亿美元	255	862	474	2 908.9	2 984.2
占 GDP 比重/%	0.09	0.36	0.09	0.18	0.18

3. 成立条件较苛刻，过程监督遭忽视

我国慈善组织准入制度的主要依据是 1998 年颁布的《民办非企业单位登记管理暂行条例》和《社会团体登记管理条例》及 2004 年颁布的《基金会管理条例》三个行政法规。仅依据这三个条例，慈善组织获取合法身份极其困难。首先，依据上述法规，慈善组织要依法注册，必须有业务主管单位。业务主管单位是指国务院有关部门或县级以上人民政府的有关部门，或者是它们授权的组织。这一规定使众多草根慈善组织无法获得合法身份，因为没有一定的利益关系，政府部门基本上不愿意做业务主管单位。这也就是为什么中国合法慈善组织多数是有官方或半官方背景的。其次，基金会启动资金太高。《基金会管理条例》第八条第二款规定："全国性公募基金会的启动资金不低于800万元人民币，地方性公募基金会的原始资金不低于400万元人民币，非公募基金会的原始基金不低于200万元人民币；原始基金必须为到账货币资金。"较多的启动资金要求使得很多民间基金会因原始资金不足而无法进行注册登记。最后，设立条件中存有垄断性条款。《社会团体登记管理条例》第十三条规定，在同一行政区域内已有业务范围相同或者相似的社会团体，没有必要成立的社会团体，登记管理机关不予登记。此条款实质上抑制了慈善团体的良性竞争，也明显有失公允。

与成立条件的苛刻相比，注册后的慈善组织所受的过程监督类条款却相对较少。首先，信息公开制度的条款设计太笼统，没有细化规定。上述三个条例都规定了慈善组织应当公开财务信息，但是没有明确公开的项目及操作流程。事实上，我国当前慈善组织所公开的信息大部分未经监管部门核实，不具备权威性和可信度。其次，内部监管制度机制不健全。三个条例都对慈善组织的管理制度做出要求，包括民主的管理制度、执行机构的产生程序、资产管理和使用的原则等，但这些管理制度的具体内容最终都是由慈善组织自行确立的。而实质上很多慈善组织在自律管理方面缺乏严谨的制度设计，出现了众多"志愿失灵"现象，如捐赠资金被挪用、物品被转卖或闲置等。后续监管的制度设计的缺乏引发了人们对慈善资金、物品的最终用途的质疑，导致许多人因质疑而对慈善失去热情。

（二）制度监管

我国对慈善组织的监管制度主要有年检制度、重大活动报告制度、信息公开制度和财产管理制度等，出台上述制度是为了加强对慈善组织的组织行为的监督，引导慈善组织健康发展。监管制度主要由登记管理机关和业务主管机关共同实施，但实践证明，上述监管制度的实际效果甚微。

首先，年检制度流于形式，对于慈善组织的年检方式主要是书面材料检查，慈善组织填写"年度工作报告书"和"财务审计报告书"后到登记管理机关参加年检。在双重管理体制下，登记管理机关平时并未参加慈善组织的业务管理，仅凭书面材料，登记管理部门根本无法对工作报告中所列项目及财务信息的真实性加以验证。其次，重大活动报告制度没有明确重大活动所指对象、报告程序与范围、时限等关键性问题。最后，信息公开制度的法律规范大多属于原则性规定，因实际操作性不强而无法成为有效的监督制度。

三、国外慈善组织监管机制的实践及启示

慈善组织的充分发育和有效监管是完善中国社会保障体系的重要环节，认识和借鉴别国的监管经验有助于我国构建更合理、更有效的监管机制，提升慈善组织的公信力。英国、美国和加拿大等西方国家的慈善事业发育较早，监管体系相对完善，而新加坡和中国同处东方慈善文化背景下，其监管体系可能更具可借鉴性，下面将就四国的监管机制进行比较分析。

（一）美国：全方位监管机制

美国对慈善组织的监督机制是内外结合的全方位监管，内

部监管主要是组织内部治理，涉及组织章程规定的机构宗旨、董事会选举、部门设置、工作程序等内容。外部监管分为三个层次，即政府监管、行业监管和社会监管，三个层次监督的内容各不相同。政府监管分为联邦和州两个层次，主要涉及税收控制和法律监督。美国的慈善组织每年通过“990 税务表”和“990 - PF 表”两张报表向政府税务部门说明组织的财务和活动状况。“990 税务表”是一种指标化的评估或测量工具，该表包含了组织资产、员工报酬、收支记录、前 5 名金额最高的合同名单以及与所有董事会成员相关的金融交易记录。行业监管是美国慈善机构自愿联合的产物，如美国基金会联合会、美国独立部门、美国全国慈善机构董事会中心、美国慈善信息局等机构均承担了行业监督的职能。美国基金会联合会是一个由 2 100 多个基金会和资助公司联合而成的会员组织，美国独立部门则是由 600 多个基金会、慈善服务机构、民间研究机构、信息公司等联合组成的。这些行业组织的主要功能是信息沟通和评估，增进组织的公开性和透明度，以保证慈善组织健康发展。社会监管主要来自第三方评估机构及新闻媒体。第三方评估机构属于非营利组织，为了保证评估的公正性，它们不接受被评估机构的经费，而是通过向公众募集资金来进行评估。慈善导航作为美国最大的慈善评估机构之一，每年从机构规模、资金额、公众评价、捐赠额度、首席 CEO 报酬等角度对各类慈善组织进行评估，评估等级由高到低分为四星到无星。公众可以依据评级情况，判断慈善组织的资质，决定是否对其进行捐赠。新闻媒体则能与普通大众互动实现社会公众的问责诉求。新闻媒体容易引发相关司法听证或社会调查，有助于强化慈善组织的行为准则。美国正是依靠一套可靠、有效的内外结合的监督机制，使得慈善事业成为“玻璃口袋”里的公益事业。[4]

（二）英国：法制监管机制

1601年，英国政府颁布了世界上第一个有关慈善组织的法规《慈善用途法》，它的出台确立了政府对慈善类社会组织的管理权。随后，英国在慈善事业监管方面又陆续出台了多部法律，包括《休养慈善组织法》、《慈善信托法》、《慈善受托人社团法》、《永久营业和慈善促进法》、《慈善法》（英国政府分别于1987年、1993年、2006年对该法进行了修订）、《慈善和信托投资法（苏格兰）》，这一系列法律制度的颁布和实施构建了英国对慈善社会组织的法律监管制度。英国慈善组织的监管工作主要由慈善委员会负责，而该政府组织的监管内容则由政府以法律条文的形式予以规定。这些法律制度主要涉及两方面的监管：一是慈善组织的注册监管，英国《慈善法》明确规定由慈善委员会负责慈善组织的注册管理，对慈善组织的性质、计划及人员进行审查；二是慈善组织的运作监管，涉及慈善组织信息的公开与财务会计制度的监管，财务会计制度的监管尤其严格，如2006年修订《慈善法》对慈善组织的财务做出了严格要求，即所有慈善组织都要将自己的财务账目保存7年时间，以备慈善委员会随时检查。[5]

（三）加拿大：信息监管机制

加拿大慈善组织的监管主要由加拿大税务局（Canada Revenue Agency, CRA）负责，该部门数十年来一直按照《所得税法案》的规定，为慈善组织提供一系列的注册、注销和监管服务。由于部门人员、时间的限制，对所有的慈善组织时刻进行全面的监控是不可能的，于是该组织充分借用了公众的力量。CRA为公众提供了一些工具,使公众可以随时调查他们想要资助的慈善组织。CRA 提供的主要工具是“T3010 汇报表”,这是所有注册慈善组织向 CRA 递交的年度信息汇报表。通过填报“T3010 汇报表”,慈善组织必须证明它至少有多少开支是直接用在了自己的慈善项目上或捐赠给了合格的执行者。自 2002 年 12 月起,“T3010 汇报表”的信息可以在加拿大慈善董事会的网站上轻松获取。通过年度信息汇报表的信息,公众可以获取一个已注册慈善组织在国内外开展的活动的信息,以及对一个慈善组织当年财务信息的详细分析。公众对一个慈善组织不满意时可以向 CRA 投诉,CRA 负责审查,一旦查实,将视情况予以不同程度的惩罚。

（四）新加坡：标准控制监管

新加坡的慈善组织按照《慈善法案》接受政府的指导和监管。新加坡国家福利理事会为志愿福利组织制定了一项内部管理指南,新加坡国家福利理事会还就自身的治理和管理制定了治理标准,通过规范慈善组织的内部管理制度来有效规避慈善危机。同时,新加坡国家福利理事会还开发了社会慈善服务方案、方案评估系统、最佳实践标准等一系列服务质量标准监管体系,从而保证了慈善组织行为的有效性。[6]

四、完善我国慈善组织监管机制的路径选择

一个完善的监管体系应该由行政监管、内部监管、社会监督、司法监督四者共同构成,四者的监管职能不同,缺一不可,因此我国应当构建四位一体的慈善监管机制,从而有效引导慈善组织的健康发展。

（一）政府监管：明确角色定位及功能

在上述国家的监管制度中，政府作为“守门人”的角色都是必不可缺的。政府作为公民的代理人，承载着必然的监管职能。但同时需要注意的是，这些国家政府和慈善组织仅是伙伴关系，而非社会组织的代理人。就西方国家监管经验而言，政府不直接经营慈善组织，因为在监管者和代理人的双重身份下，政府无法保证监管的独立性和公正性。但我国还存在着一定数量的官办慈善组织，如红十字会、妇女发展基金会、青少年发展基金会等。这些慈善组织作为政府的附属机构发挥作用，使得它们失去了民间性的特征。因此，我国应将官办性质的慈善组织完全社会化，真正实现“政慈”分开，明晰政府的独立监管角色及监管职能。政府监管应从两方面着手。其一，监管主体应单一。美国、新加坡和英国都是由单一的行政主体来负责慈善组织的监管工作，如新加坡国家福利理事会和英国的慈善委员会。而我国政府监督主体呈多元化的状态，1998 年的《社会团体登记管理条例》[①]的第六条、第二十七条、第二十八条和第三十条规定，民政部门、业务主管单位、财政部门、审计机关为社会团体的官方监管部门，《基金会管理办法》则规定慈善组织还应接受人民银行的资金监管。这种监管主体多元化模式往往会产生不同主体之间的摩擦，导致监管效率低下。基于上述原因，政府应该建立起专门的慈善组织监管机构，实施对慈善组织的统一监管和协调。其二，政府监管的手段应从行政直接干预转变为依靠经济、法律的间接干预。政府作为唯一的法律权威，应制定详细的慈善法规，依据法规来实施监管。上述多个国家都

① 本文发表时，《社会团体登记管理条例》尚未修订。——编者注

有详细的慈善法规,而我国目前虽有一些慈善管理条例,但立法层次低且条款含糊。同时,政府应通过免税、减税等经济手段来鼓励经济组织及社会个体的慈善行为。

（二）内部管理：加强组织机构及制度建设

慈善组织发展的根本动力是内部治理机制,合理的内部治理机制能提升组织的服务和自治能力。健全的内部管理机制应将各个岗位权责明确化,并使各项日常工作程序化、规范化,在一定程度上可减少甚至从根本上杜绝内部专制和腐败问题的发生,最终促进慈善组织社会公信力的提升。

内部管理体系应包括组织制度建设、完善组织机构和优化人才建设等方面。组织制度应包括机构宗旨、董事会选举、部门设置、运作程序、项目运作规范、财务管理制度等,通过制度建设明确慈善组织的基本运行规则。机构建设应重视监事机构,明确监事会职能。监事会对组织各项决议具有建议和督导执行权,其通过有效的监督与指导,可以促进慈善组织在长效的运行机制框架内开展工作。人员建设应重视提升人员素养,因为工作人员的素养影响慈善组织的组织行为。慈善专业人才的匮乏是制约我国慈善事业发展的关键因素,解决途径应从两方面着手。一方面,在高校设置与慈善相关的专业,培养适合慈善事业发展需要的社会工作人才;另一方面,定期招募并培训愿意从事慈善服务的志愿者。

（三）法律约束：提升立法层次及内容

我国与慈善事业发展相关的法律法规和政策已初步形成,但随着慈善组织数量的不断增加、慈善项目范围的不断拓展以及参与慈善捐赠的公民和企业数量的增多,现有的法律体系已经不能适应发展需求。早在2005年民政部就已经正式启动了"慈善法"立法工作,但由于各利益相关者在立法宗旨、政策定位以及管理体制等关键问题上无法达成共识,导致该法案迟迟没有正式出台。专门法的缺失使中国慈善界乱象频出,因此政府应尽快出台慈善专门法,以规范慈善组织的行为,提升慈善组织的公信力。慈善专门法应对慈善组织的法律地位、慈善组织的监督机制、慈善活动的基本程序、慈善捐赠各方的权利与义务、慈善资产使用与转让等方面做出明确界定,将慈善组织的所有行为纳入司法监督体系之内,从而对整个慈善事业和所涉及的社会关系进行全面的调整,有效改善慈善行业的社会环境。

(四)社会监督:培育行业协会及第三方评估机构

社会力量应参与慈善组织的监管工作,社会监督力量包括慈善组织行业协会、第三方评估机构、大众媒体及公众。2007年,我国有了第一家省级慈善公益组织行业联合会——首都慈善公益组织联合会。但迄今为止,我国也没有成立全国性的慈善组织行业协会,这个空白点亟须填补。因为全国性的慈善组织行业协会能够有效发挥行业自律功能,通过组织各种教育培训活动提高慈善组织的自我治理水平。第三方评估机构通过独立、公正的评估行为能够约束慈善组织的行为。而我国现在虽有第三方评估行为,但主要是依托高校研究团队,资金源自政府,并不存在资金完全独立、具有一定公信力的第三方评估民间组织,因此这类组织有待培育。大众媒体是公众实施社会监督的重要媒介,近几年我国大众媒体在慈善组织监管方面发挥了重大作用,一系列慈善违规事件都是由媒体曝光出来的。因此,大众媒体作为公众舆论的重要传播途径,还应继续发挥慈善监管功能。[4]

五、结语

我国是一个具有悠久的慈善传统的国家,促进慈善组织发展既能弘扬我国优良传统,也能切实解决当前社会的诸多问题。西方国家的慈善事业经历了百年历程,形成了一套较完善的监管机制,其科学而具体的法律条文、完善的内部治理体系和透明的信息机制,使行政监督、司法监督和社会监督有章可循,从而提升了慈善组织的公信力,使社会形成了持续的慈善动力。而今,我国在发展慈善事业上面临着重大机遇和挑战,应适当借鉴别国经验,形成与我国国情、社会发展相适应的慈善组织监管机制,促进慈善组织的蓬勃发展,进而使其在缩小贫富差距、缓解社会冲突、保障社会稳定等方面发挥重要作用,为中华民族的伟大复兴之梦奠定社会基础。

参考文献

[1] 沈慎.美国慈善组织评估机构概述[J].社团管理研究,2012(2):40-43.

[2] 何增科.公民社会与第三部门[M].北京:社会科学文献出版社,2000.

[3] 孟志强,彭建梅,刘佑平.2011 年度中国慈善捐助报告[M].北京:中国社会出版社,2012.

[4] 高鉴国.美国慈善捐赠的外部监督机制对中国的启示[J].探索与争鸣,2010(7):67-70.

[5] 刘坤.英国慈善法律制度对我国慈善立法的启示[J].社团管理研究,2011(2):56-59.

[6] 唐罗同.中国慈善立法国际研讨会论文集[C].北京:中国社会出版社,2007.

内 容 提 要

本书收集整理了徐永祥教授及其指导的学生有关社会组织发展的11篇论文，内容涵盖三社联动与治理创新、迈向社会本位的社会组织改革、走向多元的社会组织发展机制。上编收录了“三社联动”方面的3篇论文，中编收录了以社会组织再组织化、地方妇联、新社会组织为研究对象的3篇论文，下编收录了与民间社会组织、民办社会工作机构、社会企业、慈善组织相关的5篇论文。

从社会组织的概念内涵到发展逻辑，从不同类型到不同主体，从国内现状到国际视野，本书记录了徐永祥教授在社会组织发展领域的真知灼见和理论建构。徐永祥教授提出的一些概念至今仍广为使用，提出的一些思想仍在影响着社会组织领域的研究者们。编辑本书是对徐永祥教授关于社会组织研究思想的阶段性梳理，也希冀更多学人围绕该领域和议题进行持续深耕。